십대를 위한

메타버스
진로
로드맵

십대를 위한

메타버스 진로 로드맵

ⓒ 이보경, 2021

초판 1쇄 발행일 2021년 11월 28일
초판 2쇄 발행일 2021년 12월 24일

지은이 이보경
펴낸이 김지영   **펴낸곳** 지브레인^{Gbrain}
편집 김현주
제작 · 관리 김동영   **마케팅** 조명구

출판등록 2001년 7월 3일 제2005-000022호
주소 04021 서울시 마포구 월드컵로 7길 88 2층
전화 (02)2648-7224   **팩스** (02)2654-7696

ISBN 978-89-5979-672-4(43300)

십대를 위한

메타버스
진로
로드맵

이보경 지음

머리말

가상과 현실을 무너뜨리며 세상을 바꾸고 있는
새로운 인터넷 세계 메타버스의 직업들을 만나 보세요!

컴퓨터와 인터넷이 급속도로 발전하면서 우리 생활에 접목된 이후, IT^{Information} ^{technology} 관련 분야는 미래 세계를 여는 토대가 되었습니다.

인류는 전문가용 컴퓨터가 개인용 컴퓨터로 대중화되면서 첫 번째 변화가 시작된 이후 스마트폰 시대가 열리면서 두 번째 변화를 맞이했어요. 방안에 있던 컴퓨터가 걸어다니는 컴퓨터가 되어 어디서든 정보를 처리할 수 있게 되었거든요.

그런데 이것은 시작에 불과했어요. 이제 스마트폰은 스마트워치나 스마트 밴드 등의 웨어러블과 모든 사물들에 초소형 컴퓨터가 장착된 사물인터넷으로 다시 한 번 발전하고 있어요.

또한 VR과 AR인 가상현실과 증강현실 장비들의 발달이 빨라지면서 쓰고 입고 착용하는 스마트폰의 세상도 다가오고 있지요.

이 가상현실과 증강현실을 실현시켜주는 장비들은 디지털 세상을 단순히 보는 것에서 벗어나 온 몸으로 느끼게 해 주며 더 나아가서는 인터넷 세상이 실제 세상인 것 같은 현실감을 느끼게 만들어 줄 거라고 해요. 공상과학 만화와 영화에서 보던 것들이 실제로 가능해지는 시대가 된 것이죠.

머지않아 세상의 모든 사물과 인간은 사물인터넷으로 초연결되어 소통하게 될 거랍니다.

2016년 이세돌 9단을 4대 1로 이겼던 인공지능 알파고는 불과 6년만인 2020년 1000배 이상 연산능력이 좋아진 뮤제로로 진화한 후 사람의 도움 없이 스스로 학습을 계획하고 익히는 단계까지 발전했답니다.

그리고 꿈의 컴퓨터인 양자컴퓨터가 개발되고 있어요. 2019년 구글에서 공개한 양자컴퓨터 '시커모어'는 슈퍼컴퓨터가 1만 년 동안 풀어야 할 계산 문제를 단 3분 20초만에 해결해 냈답니다.

많은 사람들이 양자컴퓨터야말로 상상 속에서나 벌어지는 실현 불가능한 일이라고 생각했어요. 양자컴퓨터의 발전은 우리가 1만 년 동안 해 낼 일을 단 3분에 끝낼 수 있을 정도로 과학기술의 발전이 빨라질 수도 있다는 이야기랍니다. 과학의 발전에 엄청난 가속도가 붙는 것이죠.

이런 기술의 발전단계까지 오는 데 인류는 과연 얼마나 걸렸을까요? 1939년 세계 최초의 전자식 컴퓨터 아타나소프-베리 컴퓨터^{Atanasoff-Berry Computer}가 나온 후, 불과 82년만에 벌어진 일이랍니다. 82년이면 엄청난 세월이라고요? 인류의 역사에서 82년 동안 바뀐 것들을 생각해 보면 82년이라는 숫자는 매우 짧고 과학 분야의 발전 내용은 엄청나답니다.

돌도끼를 사용하던 인류가 이젠 핸드폰 하나로 집안의 가전을 움직이고 또 다른 지구를 만들기 위해 준비를 하고 있으니까요.

많은 과학자와 기술자들은 불과 10년 안에 미래 양자컴퓨터와 인공지능으로 제어되는 사물인터넷의 시대가 이루어질 것으로 예측하고 있어요. 와! 이번엔 너무 빠른 것 같다구요?

맞아요. 지난 82년에 비하면 그 속도는 정말 빛과 같이 빨라진 것이에요. 기술은 축적될수록 발전 속도가 기하급수적으로 빨라진답니다. 이제 인간과 디지털이 하나로 연결되는 세상이 다가오고 있는 거예요.

이렇게 인간의 모든 사회와 문화와 정보, 경제가 인터넷으로 연결되어 만들어지는 세상, 그것은 인류가 컴퓨터와 인터넷을 개발한 이후 최종적으로 도달하고자 하는 목표와도 같은 것이에요.

지금 우리는 그것을 메타버스라고 불러요. 심지어 메타버스 세상은 현실처럼 느껴질 수 있는 다양한 가상현실과 증강현실 장비들로 접속해 가상현실이지만 현실과 구분할 수 없을 정도로 현장감을 느끼게 하는 기술을 목표로 해요.

이제 인터넷 안에 우리와 똑같은 일상처럼 현실감 있는 또 하나의 디지털 지구가 탄생하는 것이랍니다. 이 세계는 현실의 세상을 똑같이 복사한 것과 같다고 해서 '거울세계'라고도 해요.

이 거울세계가 만들어지기 위해 오랜 세월 인공지능, 사물인터넷, 가상현실 기술들이 꾸준한 발전을 거듭했고 코로나19라는 어쩔 수 없는 비대면 상황이 더 가속화를 시켰답니다.

이제 인류는 현실 속의 나와 디지털 세상에 사는 아바타로 살면서 자신의 다양한 역량을 펼칠 수 있게 되었으며 현실에서는 불가능했던 일들을 도전해 볼 수 있게 될 거에요.

그래서 구글, 페이스북, 마이크로소프트, 엠비디아, 네이버 등 글로벌 기업들은 아주 적극적으로 메타버스 사업에 뛰어들고 있어요. 지난 80년에 걸친 IT산업과 기술의 최종목적지가 바로 메타버스이기 때문이지요.

이처럼 메타버스에 투자와 인력을 늘리는 기업이 늘어남에 따라 메타버스 시장은 약 10년 뒤 1700조 규모의 산업이 될 것이며 초창기인 현재의 약 8080%까지 성장할 것으로 기대하고 있어요. 앞으로 여러분은 메타버스 안에서 사업을 하거나 직업을 구해 생활하는 인류 최초의 세대가 될 것입니다. 이것은 지구인으로 처음 화성에 정착하는 일만큼이나 두렵지만 한편으로는 설레고 흥분되는 일이에요.

《십대를 위한 메타버스 진로 로드맵》에서는 두 가지 영역으로 나누어 직업을 설명하고 있어요.

첫 번째 직업들은 메타버스 시대를 여는 데 매우 핵심적이고 기초적인 역할을 하는 직업들이에요. 4차 산업혁명의 시작과 함께 관심을 받고 있는 직업 중에서도 미래 메타버스 기술에 큰 영향을 미치는 직업으로, 여러분이 주목하면 좋을 직업을 소개했어요.

두 번째는 메타버스 세상 안에서 새롭게 생겨날 직업들이에요. 이 직업들은 이제 시작되는 직업으로 메타버스의 유형에 따라 무궁무진 발전할 것으로 기대가 되는 분야들 중 현재 우리가 도달 가능한 기술 안에서 가장 먼저 생길 수 있는 직업 위주로 구성했어요. 이 직업들을 참고로 여러분의 아이디어를 더해 새로운 메타버스 속 신직업을 창업해 볼 수도 있을 거예요.

이제 다가오는 메타버스 세상은 여러분의 무한한 상상력과 창의력을 마음껏 펼칠 수 있는 무대가 될 거예요.

《십대를 위한 메타버스 진로 로드맵》이 메타버스 세상으로 가는 여러분의 시작을 위한 길잡이가 되기를 바랍니다.

머리말 4

상상이 현실이 되는
메타버스의 세계   11

우리는 왜 메타버스를 알아야 할까?   12
새로운 도전과 직업이 시작되는 기회의 땅 메타버스   17

메타버스를 현실로 만드는 직업   55

메타버스를 만드는 사람들   56
컴퓨터 프로그래머   59
컴퓨터 그래픽(CG) 디자이너   62
홀로그램 기술 연구원   68
증강현실 시스템 개발자   72
가상현실 전문가   78
AI 전문가   86
사물인터넷 개발자   96
빅데이터 전문가   105
웨어러블 전문가   118
블록체인 개발자 그리고 NFT 기술   128

CONTENTS

메타버스 세계 속
우리가 만나게 될 직업들

151

메타버스 플랫폼 속 새로운 가치를 여는 직업들 152

메타버스 건축가 160

아바타 캐릭터 디자이너 164

아바타 패션디자이너 169

메타버스 게임 개발자 176

메타버스 콘텐츠 크리에이터 182

메타버스 데이터 마케터 189

XR 개발자 195

부록 미래를 함께 할 새로운 직업 203

참고 도서 226

상상이 현실이 되는
메타버스의 세계

우리는 왜 메타버스를 알아야 할까? ·
새로운 도전과 직업이 시작되는 기회의 땅 메타버스

우리는 왜 메타버스를 알아야 할까?

여러분은 '메타버스^{metaverse}'라는 말을 들어본 적이 있나요? 메타버스는 아직은 낯설고 정확하게 정의 내릴 수 없는 새로운 용어입니다. 왜냐하면 완성된 것이 아닌, 이제 시작되어 발전해 나가는 중이기 때문이에요.

메타버스라는 말이 처음으로 등장한 것은 미국인 소설가 '닐 스티븐슨^{Neal Stephenson}'의 《스노 크래시^{snow crash}》라는 소설이었어요.

이 소설에서는 지금의 VR^{Virtual Reality} 기기와 같은 장치를 이용해 컴퓨터 속 가상세계에 접속하여 땅을 사들이고 자신이 만들고 싶은 건축물을 짓고 경제활동도 한답니다.

자신의 아바타를 통해 다른 사람들과 교류하며 마치 현실 세계와 똑같은 삶을 살아가는 컴퓨터 속 또 하나의 세상이죠. 현실에서는 볼 수 없는 신비한 자신만의 가상세계를 창조하여 게임을 즐길 수도 있고요.

작가인 스티븐슨은 컴퓨터 안의 이 가상세계를 '메타버스'라고 불렀어요. 이때부터 사람들에게 컴퓨터 안의 가상세계지만 현실과 연결되어 경제, 문화, 사회활동 등을 할 수 있는 새로운 세계라는 의미의 '메타버스'라는 말이 알려지게 되었어요.

생각만 해도 신기하고 재미있을 것 같지 않나요?

그런데 《스노 크래시》는 무려 30년 전인 1992년에 발표된 SF소설이랍니다. 30년 전에는 지금 우리가 흔하게 쓰는 스마트폰은 물론이고 초고속 인터넷도 없던 때였어요. 그럼에도 메타버스와 같은 가상세계를 상상하여 쓴다는 것은 정말 놀랄 만한 일이죠. 그 당시만 해도 《스노 크래시》에 나오는 내용은 진짜 상상 속에서나 일어날 일들이었으니까요.

그런 《스노 크래시》의 메타버스 세계처럼 완전한 것은 아니지만 비슷한 환경을 가진 게임이 출시될 정도니 그 발전 속도는 어마어마하게 빠른 것이라 할 수 있어요.

아마도 여러분은 현재 로블록스ROBLOCKS나 마인크래프트MINECRAFT, 포트나이트와 같은 게임을 통해 소설 속 메타버스 세계와 비슷한 경험을 해 보았을 거예요. 세상에 하나뿐인 나만의 게임을 직접 만들 수도 있고 친구를 초대해 같이 즐길 수도 있으니까요.

그리고 여러분이 아주 잘 알고 있는 '아바타AVARTAR'라는 말도 이 소설 속에서 처음 등장했다고 하니 작가인 스티븐슨의 상상력이 얼마나 대단한지 다시 한 번 감탄하게 돼요.

메타버스^{Metaverse}라는 말은 초월, 가상이라는 뜻의 메타^{Meta}와 세계라는 뜻의 유니버스^{Universe}를 합친 말로 현실 세상을 뛰어넘은 초월세계, 가상세계라는 뜻으로 생각해 볼 수 있어요.

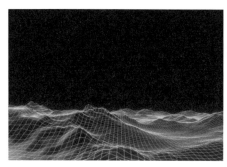 

현재 인류는 컴퓨터와 다양한 프로그램을 이용해 현실 같은 세계를 만들어내요.

불과 30년 전 만 해도 작가의 상상에 지나지 않았던 메타버스의 세계가 꾸준한 기술의 발전으로 현실 속에서 펼쳐지려 하고 있다니 정말 인간의 노력은 대단한 것 같아요.

이젠 현실에서처럼 집을 짓고 땅을 사고 돈도 벌고 자신이 하고 싶은 매장도 낼 수 있는 또 하나의 컴퓨터 속 세상이 진짜로 열릴지도 모른다고 생각하니 매우 흥분되지 않나요?

그리고 이것이 마치 게임처럼 이루어진다면 얼마나 흥미로울까요? 게다가 단순히 게임만을 즐기는 것이 아니라 메타버스 속 직업이 실제 직업이 될 수 있다면요?

미래를 연구하는 과학자들 중에는 곧 메타버스와 같은 세상이 펼쳐질 거라고 말하는 사람이 늘고 있답니다.

이 책을 읽는 여러분은 메타버스 세상에서 살게 될 거예요. 또한 지금은 볼 수 없는 새로운 형태의 직업들이 많이 생겨날 것으로 예상하고 있어요.

메타버스는 현실과 닮은 그러나 내 꿈을 직접 실현해 볼 수 있는 세계가 될까요?

그렇다면 과연 이 메타버스라는 세상이 열릴 때, 우리는 어떤 직업을 갖게 될까요?

불과 15년 전만 해도 '유튜브 크리에이터'라는 직업은 존재하지 않았어요. 하지만 지금은 너무나 당연한 직업으로 성장했지요. 이것과 마찬가지로 아직은 낯설고 처음 경험하는 메타버스 세상이지만 여러분이 어른이 되었을 때는 여기에서 다루는 직업들이 당연하게 될지도 몰라요. 그때를 위해 지금부터 미래를 준비한다면 우리는 새로운 꿈을 꿀 수 있을 거예요.

이 책을 통해 메타버스 세상이 실현되면 어떤 변화가 생길 것인지, 또 우

리가 갖게 될 미래 직업에는 무엇
이 있을지 함께 알아보도록 해요.

새로운 도전과 직업이 시작되는
기회의 땅 메타버스

메타버스는 인터넷으로 연결된 가상의 세계로 또 하나의 우주이자 지구라고 할 수 있어요.

그런데 이상하지 않나요? 지금도 인터넷을 통해 전 세계가 연결되어 있는데 메타버스는 무엇이 다른 걸까요?

네, 맞습니다. 지금도 우리는 이미 초고속 인터넷으로 전 세계가 연결되어 있어요. 그 안에서 서로 안부를 묻고 일상을 공유하고 재미있는 영상도 올리고 물건도 구매하고 게임도 하지요.

이렇게 우리가 물건을 구매하고 안부를 묻고 영상도 올릴 수 있는 곳을 '플랫폼'이라고 합니다.

여러분은 플랫폼이라는 말을 들어 본 적이 있을 거예요. 원래 플랫폼은 기차를 타고 내리는 곳을 말합니다.

예를 들어보자면, 여러분이 음식을 주문하고 싶을 때 어디로 접속하나요? 일반적으로 배달의 민족이나 요기요 등 배달 어플리케이션을 다운로드 한 후, 원하는 음식을 주문하지요.

이렇게 음식 배달을 편리하게 할 수 있도록 음식점 사장님과 소비자를 이어주는 '배달의 민족'과 같은 것을 배달 플랫폼이라고 합니다.

이밖에도 플랫폼의 종류는 엄청나게 많습니다. 택시를 부르는 플랫폼, 옷을 사는 플랫폼, 게임을 하는 플랫폼, 집을 구해 주는 플랫폼 등 목적에 따라 다양한 플랫폼이 인터넷으로 연결되어 있지요. 앞으로 등장하게 될 메타버스도 바로 이 '플랫폼' 중 하나랍니다.

그렇다면, 이미 이용하고 있는 플랫폼이 많은데 굳이 메타버스를 이용할 이유가 있을까요? 메타버스가 현재 우리가 이용하는 플랫폼과 완전히 다른 점은 무엇일까요?

그 다른 점 중 가장 크게 구별되는 부분은 디스플레이에 있습니다. 디스플레이는 우리가 컴퓨터 화면에 보여지는 모든 것들을 생각하면 쉽게 이해할 수 있을 거예요.

현재는 컴퓨터나 스마트폰의 모든 정보가 사각형 모양의 2D(2D computer graphics)로 된 모니터를 통해 보여지고 있지요.

하지만 메타버스 플랫폼의 정보는 실재 눈앞에 있는 것 같은 현실감을 느낄 수 있는 3D로 제작돼요.

3D가 뭐냐구요? 우리가 사용하는 컴퓨터나 스마트폰의 화면은 납작한 평면으로 되어 있는데 이것을 2D라고 해요.

2D로 되어 있는 화면을 통해 영화나 만화를 보면 입체감은 느껴

컴퓨터, 태블릿, 핸드폰 모두 2D의 세계에요.

지지 않지요. 하지만 3D는 가로, 세로, 높이를 나타내는 3차원 효과로 마치 우리가 현실에서 사물을 보는 것 같은 입체감과 현실감을 느낄 수 있는 것을 말해요.

2D로 구현된 게임 이미지.

3D로 구현된 게임 이미지.

그래서 메타버스라는 새로운 세계를 소개할 때 가장 쉽고 빠르게 설명할 수 있는 것이 다양한 게임 플랫폼이랍니다.

아직 머릿속에 잘 그려지지 않는다구요?

상상해볼까요? 우리는 게임을 할 때 스마트폰이나 컴퓨터의 모니터를 통해 게임 속 세상을 탐험합니다. 물론 성능이 좋은 컴퓨터일수록 좀 더 멋진 그래픽을 구현할 수 있어 생동감 넘치는 게임을 즐길 수가 있지요.

그런데 만약 여러분이 모니터가 아닌, 진짜 게임 속으로 들어간 것처럼 현실감 있는 게임을 즐길 수 있다면 어떤 기분이 들까요?

게임 속 아이템들이 진짜 물건처럼 만져지고 내 앞에 있는 것처럼 느껴진다면 또 어떨까요? 게임 밖에서 모니터를 통해 보는 게임 속 세상과 다르게 진짜 게임 안으로 들어간 것 같은 현실감을 가지고 게임 속 캐릭터가 되어 느끼고 경험하는 게임 속 세상은 완전히 다를 거예요. 상상만 해도 흥분되겠지요. 바로 이것이 메타버스의 세계랍니다.

이처럼 메타버스의 세상은 현재 우리가 사용하고 있는 모든 플랫폼이 평면의 모니터에서 벗어나 실제 보고 만져지고 느껴지는 현실감 속의 3D 세상으로 옮겨 오는 것이라 해도 틀린 말은 아니에요.

쇼핑을 할 때도 마찬가지입니다. 여러분이 인터넷 쇼핑 플랫폼에서 고른 옷을 직접 입어 보고 싶다면 어떻게 할까요? 실재 매장에 방문해보면 되겠지만, 그럴 수 없는 늦은 밤이거나 매장이 아주 멀리 있다면 어떻게 할까요?

어쩔 수 없이 쇼핑 플랫폼에서 다양한 각도로 찍어 놓은 사진을 참고하고 자신의 신체 사이즈를 잰 다음 하나하나 대조해 보면서 색상이나 디자인을 골라 주문할 것입니다.

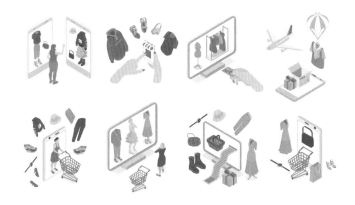

현재는 인터넷 쇼핑몰 속에 진열된 이미지와 구매자의 상품평을 참고해 상품을 구매하고 있어요.

그런데도 실제 배송되어 온 옷이 모니터를 통해 본 옷과 색상이나 질감, 디자인이 달라서 실망해 본 적이 있을 거예요.

하지만 메타버스 플랫폼에서는 이런 일이 일어나지 않을 수도 있다고 합니다. 메타버스 플랫폼 안에 운영되고 있는 옷 매장에 들어가 다양한 옷을 입어 볼 수 있거든요. 이는 마치 실재하는 매장에 방문한 것처럼 느껴진답니다.

메타버스 플랫폼에 접속하면 내 방에 앉아서 내게 꼭 맞는 옷을 살 수 있게 되는 것이죠. 사이즈도 잴 필요 없이 말이죠.

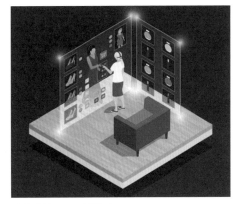

가상체험으로 쇼핑하기.

실제 쇼핑센터와 똑같이 꾸며진 곳을 이리저리 구경하며 눈앞에서 보고 느끼는 것 같은 현실감 있는 쇼핑을 할 수 있게 되는 거죠. 그것도 늦은 밤이든 이른 아침이든 시간에 구애받지 않으며 쇼핑센터가 서울이든 미국이든 아무리 멀리 떨어져 있어도 상관없답니다. 메타버스 쇼핑몰은 24시간 운영되며 공간의 제약도 받지 않기 때문이지요.

어떤가요? 메타버스의 세상이 기대되지 않나요? 이런 일이 가능하기 위해선 정말 엄청난 기술들이 필요하겠죠?

그렇다면 지금 운영되고 있는 메타버스 플랫폼은 얼마나 될까요? 세계 많은 유명 기업들은 이제 메타버스 시대가 올 것이라 기대하면서 준비를 하고 있어요. 아직 완벽하지는 않지만 이미 메타버스 플랫폼을 만들어 운영하고 있는 기업도 있어요.

가장 대표적인 플랫폼으로는 페이스북의 호라이즌, 네이버Z의 제페토, 엔비디아의 옴니버스, 마이크로소프트의 메시, 유니티, 로블록스, 마인크래프트, 동물의 숲, 포트나이트 등이 있어요.

네이버Z의 제페토는 대표적인 메타버스 플랫폼으로 알려져 있어요. https://zepeto.me/

여러분이 들어본 곳도 있고 처음 듣는 곳도 있을 거예요. 대부분 포털 검색이나 게임, SNS로 유명한 기업들이랍니다.

이렇게 유명한 기업들이 메타버스 기반의 플랫폼을 만드는 이유는 미래에는 메타버스 플랫폼으로 변화하지 않으면 살아남을 수 없다는 것을 잘 알기 때문이래요.

그렇다면 사람들은 왜 이런 메타버스 세상을 기대하게 될까요? 여러 가지 이유가 있지만 가장 큰 이유 중 하나는 코로나 19와 같은 전 세계를 위협하는 질병 때문이라고 해요.

코로나 19가 전 세계로 퍼지면서 사람과 사람이 직접 만나는 일을 피하게 되면서 인터넷을 통해 서로의 일상을 나누게 되는 일이 더 많아지게 되었답니다.

19년에 발생한 코로나19가 전 세계를 휩쓸면서 사람들은 코로나19의 무서운 전염력을 피하기 위해 비대면으로 사회활동을 하기 시작했어요.

여러분도 친구와 만나 놀고 싶고 이야기도 하고 싶지만 코로나 19 때문에 만날 수 없고 학교도 갈 수 없어서 답답했던 경험이 있었을 거예요.

그럴수록 온라인 게임을 통해 친구와 만나 함께 놀거나 채팅 혹은 영상통화를 이용하게 되는 일이 더 많았을 거예요.

앞으로는 전염병이 발생하는 주기가 더 짧아질 것이라는 예측이 있어요.

학교수업도 선생님과 직접 만나는 것보다 ZOOM을 이용한 비대면 화상 수업이 시작되었어요. 이런 변화는 불과 1~2년밖에 되지 않은 일이랍니다. 너무나 빠르게 그리고 순식간에 우리의 생활을 비대면으로 바꿔 놓아 버렸죠.

만남이 줄어들수록 사람들은 점점 밖에 나가지 못하는 답답함으로 스트레스를 받게 되었어요. 그래서 여행을 가고 싶지만 갈 수 없고 친구를 만나고 싶지만 만날 수 없는 답답함을 인터넷 세상 속에서 찾고 싶어 했어요. 그 결과 더욱 실감 나는 게임이나 아바타를 통해 나의 일상과 취미를 공유할 수 있는 좀 더 현실감 있고 흥미로운 플랫폼을 원하게 되었답니다.

사람들의 이런 욕구가 메타버스라는 새로운 세상을 만드는 기초가 되었지요.

그렇다면 이런 메타버스에 사용된 다양한 기술은 언제 등장했을까요?

사실 예전에도 가상현실 장비나 게임은 있었어요. 하지만 그동안은 스마트폰이나 컴퓨터로 다양한 플랫폼에 접속하여 쇼핑, 배달, 홍보, 사무 등을 보

고 SNS를 통해 영상, 사진, 문자 등을 주고받으며 소통하는 것이 더 빠르고 편리했어요. 굳이 무거운 가상현실 장비를 장착하고 게임을 하거나 소통할 필요를 못 느꼈던 것이랍니다. 거기에다 VR이나 AR 장비의 기술 발전이 스마트폰에 비해 느렸던 것도 대중화되지 못한 이유 중 하나예요.

그리고 가상현실이나 증강현실을 가능하게 해 주는 기술의 발전도 느렸어요. 그 이유 중 하나는 인터넷 환경이 따라주지 못했기 때문이기도 해요.

가상현실이나 증강현실을 구현하기 위해서는 어디서든 엄청난 양의 데이터를 주고받으며 저장할 수 있는 기술이 필요한데 그동안은 그런 기술이 부족했던 것이지요.

그러나 이제 우리는 5G의 엄청난 초고속 인터넷 세상을 맞이하게 되었고 어디든지 인터넷만 연결되면 정보를 주고받을 수 있는 클라우드 서비스가 가능한 세상에 살게 되었어요. 그중에서도 특히 증강현실인 AR 기술이 발전할 수 있는 기반이 마련되었답니다. 결국 코로나 19와 클라우드 기술의 발전이 메타버스 세상을 한층 더 빠르게 다가올 수 있도록 해 준 것이죠.

메타버스 플랫폼이 기존의 플랫폼과 다른 점으로는 또 무엇이 있을까요?

그것은 메타버스 속에서 활동하

클라우드 서비스가 가능해지면서 메타버스 세상을 시작하기 위한 준비가 되었어요.

는 직업이나 경제활동이 현실과 연결될 수 있다는 점이랍니다.

여러분이 잘 알고 있는 로블록스나 마인크래프트, 네이버의 제페토는 완벽한 메타버스의 세계라고 할 수는 없지만 메타버스의 세상을 향해 가고 있는 플랫폼이라는 것에 관심을 받고 있어요.

메타버스 게임 속에서는 게임 이용자가 자신이 창조한 게임 세계의 아이템이나 직접 디자인한 아바타의 의상을 다른 이용자들에게 판매할 수도 있어요.

그렇게 판매된 아이템이나 디자인은 나의 수입이 되어 실제 현실 속에서 사용할 수 있는 돈으로 바꿀 수도 있답니다. 현재 가장 인기를 누리고 있는 메타버스 게임인 로블록스의 게임머니 로벅스^{ROBUX}가 대표적인 예라고 할 수 있지요.

그렇다면 메타버스 플랫폼을 만드는 사람들이 도달하고 싶어 하는 목표는 무엇일까요?

그것은 메타버스 세상에 접속했을 때 실제 현실처럼 느껴지는 기술이라고 해요.

모니터로 게임을 보고 있는 것이 아닌, 진짜 게임 속에 들어와 있는 것 같은 현실감을 느끼게 해 주는 것이지요. 이것을 몰입감이라고 한답니다.

몰입감을 느끼게 해 주는 것은 시각, 청각뿐만 아니라 촉각도 포함된다고 해요. 가상현실 기기를 머리에 착용하고 운동을 할 수 있도록 만든 VR 게임 장비인 오큘러스 퀘스트2는 공을 치거나 주먹으로 쳤을 때 실제 때리는 것 같은 타격감이 느껴질 수 있도록 프로그램되어 있어 보다 현실감을 느낄 수 있다고 해요.

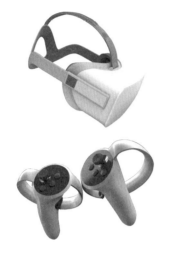

VR 기술은 공을 차거나 사물을 만지면 그 감각을 느낄 수 있을 정도로 시각과 촉각을 만족시키는 단계까지 와 있어요.

이렇게 다양한 방식으로 인간의 감각에 자극을 주면 눈으로만 보는 것보다 더 현실과 구분이 안 되는 가상세계에 몰입할 수 있겠지요.

이런 몰입감을 느끼게 해 주는 기술들은 지금 메타버스를 준비하는 유명 플랫폼 기업들이 관심을 가지고 개발 중이라고 해요.

그래서 머지않아 우리는 실제와 가상이 구분되기 어려운 진짜 같은 가상세계를 경험하게 될 것으로 기대하고 있어요.

메타버스 안에서 몰입감과 현실감을 높이기 위해서 발전해야 기술은 VR, AR, MR, XR 기술입니다. 이 기술들 중에는 이미 경험해 본 것도 있고 아직은 생소하게 들리는 기술도 있을 거예요.

이 기술들의 이름은 다르지만 목표는 하나예요. 그것은 현실과 가상의 세계를 어떻게 하면 효율적으로 연결할 수 있는지 그 방법을 찾아내는 것입니다.

　지금까지 미래에 다가올 메타버스 세상이 어떤 것인지 알아보았어요, 이런 목표가 이루어지기 위해서는 아주 복잡하고 다양한 첨단 기술이 뒷받침 되어야 해요.

　이제부터 메타버스 세상을 만들기 위해 필수적으로 발전되어야 할 기술과 그 기술들을 발전시키기 위해 열심히 개발을 하고 있는 세계 유명 기업들을 살펴보려고 해요.

　메타버스 기술의 발전은 우리에게도 매우 중요한 일이에요. 왜냐하면 앞으로 새로운 직업이 메타버스 속에서 많이 나올 것으로 예상되고 있기 때문이지요. 메타버스 플랫폼이 발전해 갈수록 메타버스 세상을 더 정교하게 만들어 낼 기술을 가진 사람이 필요해요. 또 메타버스 세상을 유지 관리하기 위한 새로운 직업들도 필요하고요.

앞서 이야기 했듯이, 많은 과학자들은 아직 메타버스에 대한 정확한 정의를 내리지 못하고 있다고 해요. 메타버스 관련 기술들은 이제 발전단계에 있기 때문이지요.

그래서 메타버스라는, 아직은 낯선 세계에 대한 이해를 정확하게 하기 위해서는 지금 발전하고 있는 기술이 무엇을 목표로 하고 있는지를 아는 게 중요해요. 그 목표에 따라 만들고 싶은 메타버스의 세계가 달라질 수 있거든요.

지금부터는 기술의 발전에 따라 어떤 종류의 메타버스가 생길지 알아보아요.

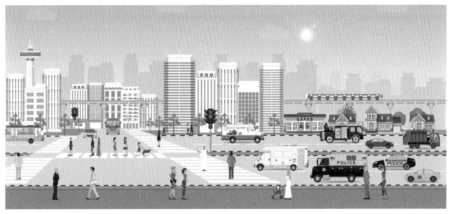

메타버스 속 세계가 우리가 살고 있는 세계처럼 느껴지면서도 꿈을 이룰 수 있는 세상이 된다면 앞으로의 세상에서 메타버스의 영향력은 매우 클 것입니다.

미국의 미래 가속화 연구재단 ASF, Acceleration Studies Foundation 은 현실과 기술이 어떻게 연결되는지에 따라 다음 4가지 형태의 메타버스가 생길 것이라고 정의했어요.

VR, 가상현실 기술로 만들어지는 진짜 같은 상상 속 세계 메타버스

VR^{Virtual Reality}은 가상현실을 뜻하는 말이에요. 가상현실이란 인간의 상상력으로 현실에 존재하지 않는 새로운 공간이나 캐릭터, 물건 등을 3차원 그래픽을 이용해 실제처럼 보이게 만드는 컴퓨터 속 세상이에요.

메타버스의 메타가 초월, 가상이라는 뜻인 것을 보면 VR의 세상이야말로 메타버스에 가장 가까운 세상일지도 몰라요.

그렇다고 해서 VR이 반드시 현실에 존재하지 않는 공간이나 환경만을 만들어 내는 것은 아니랍니다. 현실을 본 따 그대로 꾸며 놓은 세계도 포함돼요. 예를 들면 구글의 위성 지도 서비스인 어스^{EARTH}를 기반으로 개발된 부동산 메타버스 플랫폼인 어스2는 실제 위성사진을 사용하여 만들었다고 해요.

이와 같은 위성 사진으로 만든 구글 어스는 세상에서 가장 정교한 지구본이라고도 불려요.

이처럼 전 세계의 실제 사진을 바탕으로 만든 어스2라는 플랫폼은 현실이 아닌, 인공적으로 꾸며 놓은 공간이기 때문에 실제와 똑같은 사진으로 만들어진 가상현실이라고 생각해 볼 수 있어요. 이것을 다른 말로 '거울 세계'라고 하며 메타버스 플랫폼의 한 종류랍니다.

가상현실의 세계는 현실과 가장 멀리 떨어진 컴퓨터 속 새로운 세계라 할 수 있어요. 가상현실의 종류로는 크게 게임 세계와 모의현실 세계가 있습니다.

대표적인 가상현실 게임으로는 세컨드 라이프, 월드 오브 워크래프트와 리니지, 모여 봐요 동물의 숲 등이 있어요.

가상현실 게임은 수많은 사람들의 사랑을 받고 있어요.

모의현실 세계는 현재 연구 중에 있으며 정말 현실처럼 느껴지는 세계가 될 것이라고 해요. 영화 〈매트릭스〉를 떠올리면 좀 더 이해하기 쉬울 거예요.

앞으로 펼쳐질 메타버스 기반의 플랫폼에는 많은 종류가 있어요. 그중 가상현실 기술로 만들어진 가상세계가 메타버스를 대표하는 개념이라고 할 수 있어요. 현실과 연결된 또 하나의 디지털 지구인 것이지요.

가상세계의 장점은 우리가 현실 속에서 될 수 없는 존재가 되거나 불가능한 일을 할 수 있다는 점이에요. 또한 내가 원하는 나만의 세상을 만들 수도 있어요. 이런 점이 우리가 가상현실 속에 머물고 싶은 이유라고 해요. 현실에서 받은 스트레스를 가상현실 세계에서 해소할 수 있다면 누구나 그곳을 좋아하게 될 거예요.

가상현실 기술을 처음 이용한 곳은 항공기를 조종하는 비행사들의 훈련이었답니다. 날씨, 지형, 다양한 조건에서 비행기를 실제로 조종하는 것 같은 느낌을 받도록 꾸며진 가상의 공간 속에서 비행 훈련을 한 것에서 비롯되었지요.

비행은 정말 위험하기 때문에 현실과 비슷한 환경을 만들어 비행훈련을 해요.

이렇게 가상 세계에서 훈련을 하면 훈련 중에 발생할 수 있는 위험한 사고나 실수를 방지할 수 있을 뿐만 아니라, 훈련생들을 안전하게 교육할 수 있는 장점도 있답니다.

이와 같은 가상현실을 이용한 교육은 여러 곳에서 볼 수 있는데요. 미지의 세계인 우주 공간에서 일해야 하는 우주인들이나 직접 뛰어내리기 어려운 낙하산 훈련, 소방 훈련 등 자주 교육하기 어려운 환경에 있는 일이나 매우 위험한 일에 사용된다고 해요.

처음엔 교육을 위해 시작되었던 가상현실이지만, 점점 발전하여 지금은 교육뿐만이 아니라, 게임, 의료, 물류 등 다양한 곳에 이

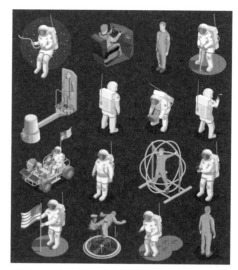

우주를 여행하기 위해서는 아주 많은 훈련을 거쳐야 해요. 이 이미지들은 우주 비행사가 하게 되는 훈련들을 모아 놓은 것이에요. 모두 우주와 같은 조건의 가상의 상태에서 훈련을 해요.

용되며 미래 메타버스 플랫폼을 만드는 핵심기술로 성장해가고 있는 중이랍니다.

VR 세상을 경험하기 위해서는 몇 가지 장비가 필요해요. 대표적인 장비로는 머리에 장착하는 헤드셋이나 안경, 손에 끼는 장갑 등이 있어요.

여러분 중에는 VR 장비를 끼고 실감 나는 게임을 즐겨본 사람도 있을 거예요. 느낌이 어땠나요? 눈앞에 펼쳐진 화면이 진짜 같아서 놀라지는 않았나요? 그러면서도 한편으로는 매우 불편하지 않았나요?

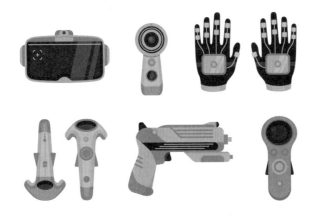

다양한 형태의 VR 장비들.

아직은 VR 장비가 무겁고 거추장스럽게 느껴지는 일이 더 많을 거예요. 또 오래 사용하면 어지럽거나 배터리가 오래 가지 않아 충전을 해야 하는 불편함도 많았을 겁니다.

게다가 VR 장비를 개인적으로 구매해서 집에 두기에는 가격이 비싸서 체험장을 이용하거나 했을 거예요.

그래서 많은 기업들은 VR 장비를 좀 더 가볍고 저렴하게 만들기 위해서 노력하고 있답니다. 앞으로 이 VR 장비들이 얼마나 더 성능이 좋고 가볍고 저렴해지냐에 따라 메타버스의 세계가 더 빨리 우리에게 다가올 수 있기 때문이지요.

VR 장비를 연구, 개발하고 있는 대표적인 회사 중 하나로 '페이스북'이 있
어요.

페이스북은 메타버스에 가장 많은 관심을 보이고 있는 회사랍니다. 창업자
인 마크 주커버그는 최근 페이스북을 메타버스 플랫폼으로 바꾸겠다고 선언
할 정도로 메타버스 플랫폼에 열정을 보이고 있어요.

페이스북이 개발하고 있는 VR 기기인 오큘러스 퀘스트2는 현재 가장 많
이 팔리고 있는 VR 장비로, 저렴한 가격과 업무, 피트니스, 교육, 게임 등 다
양한 프로그램을 탑재하고 있어 좋은 평가를 받고 있는 중이랍니다. 심지어
페이스북은 어떤 공간에 있든 상관없이 오큘러스만 착용하면 회사와 접속해
업무를 볼 수 있는 사무용 VR 기기로 만들어 재택근무의 시대를 열 것이라
고 선언하기도 했어요.

만약 우리가 원하는 가볍고 저렴하고 배터리도 오래가는 활용도 높은 VR
장비가 개발된다면 메타버스의 세상은 빛의 속도로 다가올 수 있겠지요?

AR, 현실에 정보를 입히는 증강현실 메타버스

VR과 함께 메타버스 세상을 여는 중요한 기술은 증강현실이라고 부르는
AR^Augmented Reality^이에요.

AR과 VR은 우리에게 보이는 것이 현실 세계인지, 가상으로 만든 세계인지
에 따라 구분해요.

VR은 가상현실이라는, 말 그대로 실제 현실 세계가 아닌, 상상하여 만들어 낸 컴퓨터 안의 가짜 세상이라고 생각하면 돼요. 가장 쉬운 예로 게임 속 세상을 들 수 있어요.

우리가 VR 기기를 착용하고 가상현실 게임에 접속했을 때, 눈에 펼쳐지는 그래픽이나 화면 속 세상은 현실과는 완전히 동떨어진 VR 기기 속의 세상이에요.

이것에 비해 AR은 우리 눈앞에 펼쳐진 현실 세계에 가상의 이미지나 정보를 더해 주는 것이에요. 좀 쉽게 이야기해 볼까요? 여러분은 '포케몬고'라는 게임을 아시나요? 포켓몬고는 가장 잘 알려진 증강현실 게임이에요.

포켓몬고는 스마트폰의 카메라를 실제 보이는 현실 속 공간이나 물건에 비추면 가상의 포켓몬들이 이리저리 돌아다니거나 튀어나오는 게임이에요. 이때 카메라 안에 보이는 주변은 실제 우리가 살아가는 현실 공간이고 그 안에 돌아다니는 포켓몬은 가상의 캐릭터였지요.

이것처럼 현실 공간에 가상의 캐릭터나 정보를 넣어주는 것을 증강현실, AR이라고 합니다.

포켓몬고에 접속한 핸드폰을 현실세계에 비춰보면 핸드폰 안에는 현실세계 속에 숨은 포켓몬스터들이 보여요. 그럼 그 포켓몬스터들을 잡는 게임이에요.

AR의 예는 아주 많아요. 영화 아이언맨에서 주인공 토니 스타크는 마크라는 웨어러블 슈트를 입고 아이언맨으로 변신합니다.

아이언맨 슈트를 입고 하늘을 나는 장면에서 아이언맨의 눈앞에 나타나는 대상에 따라 인공지능 자비스는 화면에 속도, 파워, 에너지, 상대방의 정보 등을 알려 줍니다. 심지어 공격을 해야 할 약한 허점이 되는 곳도 나타내 주지요. 이것도 일종의 증강현실이라고 할 수 있어요.

이것 말고도 생활 속에서 증강현실을 응용할 수 있는 곳은 매우 많아요.

만약 여러분이 새로 산 컴퓨터의 조작법을 배워야 한다면 누구에게 부탁할 수 있을까요? 가족이나 선생님께 여쭤보면 되겠지요.

그런데 가족이나 선생님께서 안 계신다면 어떻게 해야 할까요? 만약 이런 상황이 된다면 메타버스 세상에서는 걱정하지 않아도 된답니다. 증강현실 기술을 이용해 여러분이 원하는 정보를 알아낼 수 있기 때문이죠.

새로 산 컴퓨터에 스마트폰 카메라를 가져다 대고 컴퓨터 회사에서 제공하는 앱을 다운 받으면 카메라에 비친 컴퓨터의 부속에 대한 설명이 실제 사용하는 것처럼 보여집니다.

또 다른 예를 알아볼까요? 박물관이나 미술관에 갔다고 상상해 보아요. 미술품이나 유물을 관찰할 때 누군가 우리를 따라 다니며 자세히 설명해 주면 참 좋겠지요?

이럴 때 박물관에서 제공하는 증

강현실 앱을 다운 받아 스마트폰을 유물에 가져다 대면 증강현실로 만든 캐릭터가 등장해 재미있는 설명을 해 준다면 어떨까요?

이제 핸드폰으로 사용법과 기능을 알아보는 시대가 오고 있어요.

이 캐릭터가 마치 살아 있는 사람처럼 우리와 함께 다니며 유물의 역사와 다양한 이야기를 해 주기도 하고 유물에 대한 정보를 가상의 이미지로 보여준다면 더 즐겁게 박물관 견학을 할 수 있을 거예요.

의료 분야는 어떨까요? 의사 선생님께서 증강현실 기기를 이용해 환자의 수술 부위를 비추면 환자의 상태나 수술 부위에 대한 정보가 증강현실 이미지로 펼쳐집니다. 마치 실제 수술 부위를 절개해서 보여주는 것처럼 생생하게 환자의 몸속을 볼 수도 있다고 해요. 물론 이 이미지는 증강현실로 만들

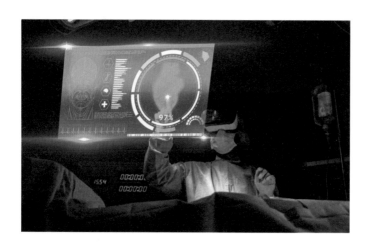

어진 정보이지요.

특히 위험한 수술인 경우에는 수술을 하기 전에 수술 부위에 대한 데이터를 바탕으로 수술 연습을 할 수도 있어요. 실제 수술 부위를 절개하는 것 같은 생생한 증강현실 이미지를 통해 수술 시 혹시 발생할 수도 있는 위험을 미리 대비할 수도 있지요.

만약 이런 증강현실이 실현된다면, 수술의 정확도를 높이고 실패 확률을 낮출 수 있고 연습이 부족한 의사는 연습을 통해 완벽한 수술을 할 수 있게 될 것입니다.

이밖에도 증강현실 기술의 활용은 상상할 수 없을 정도로 무궁무진하답니다.

과학자들은 증강현실 기술이 가상현실 못지않게 메타버스 세상에서 아주 중요한 기술이 될 것이라고 보고 있어요. 그리고 새로운 세계를 전부 만들어야 하는 가상현실에 비해 현실을 배경으로 하는 증강현실 기술은 현실 공간에 이미지나 정보만을 입히는 것이기 때문에 상대적으로 만들기가 더 쉽다고 해요. 또한 만드는 가격도 저렴하며 우리 삶에 실질적인 활용도가 더 높다고 할 수 있어요.

또한 가상현실은 VR 기기를 착용해야만 가상현실 세계로 들어갈 수 있기 때문에 VR 장비를 착용하고 있는 동안은 현실에서 벌어지는 일을 알 수 없어 주변 상황과 소통이 안 된다는 단점이 있어요.

하지만 증강현실인 AR 기기는 특별한 장비를 착용해야 하는 VR 장비에 비해 가볍고 불편함이 덜하고 주변 상황을 볼 수 있다는 것도 장점으로 꼽혀요. 실제 현실 공간에서 원하는 정보를 바로바로 알려 주기 때문에 현실과 연결될 수 있는 속도가 빠른 것도 장점이고요.

대표적인 AR 기기로는 마이크로소프트사의 홀로렌즈2와 페이스북의 AR 글래스 아리아, 구글의 구글 글래스가 있어요.

현재 가볍고 편한 AR 기기를 개발 중에 있어요.

마이크로소프트의 홀로렌즈2는 생활에 사용되기보다 의료, 교육, 사무, 물류 등 산업현장에서 사용하기에 더 편리하도록 만들어졌다고 해요.

특히 홀로렌즈 2는 VR과 AR을 합친 혼합현실인 MR^{Mixed Reality}을 구현하는 글래스라고 합니다.

아마도 혼합현실은 처음 들어보는 말일 거예요. 혼합현실은 증강현실과 가상현실이 합쳐진 세계를 말해요. 현실 세계에 이미지나 정보를 덧씌운 것이 증강현실이라면, 혼합현실은 현실 세계에 입혀지는 이미지나 정보가 가상 세계에서 만들어진 것이에요.

재미있는 것은 이 가상 세계의 정보와 이미지가 현실과 서로 소통할 수 있다는 것이지요.

좀 더 쉽게 말해 볼까요? 여러분이 좋아하는 카트라이더라는 게임이 있어요. 이 카트라이더 게임 속 캐릭터는 게임이라는 가상현실 속에 존재하지요. 카트라이더 게임 속에 맵을 보면 굉장히 다양한 환경의 배경이 나와요.

이것을 혼합현실로 가져오면 우리 집 거실에 카트라이더 게임 속 주인공들이 나타나 거실에 놓여 있는 가구들 사이에서 카트라이더 게임을 할 수 있게 된답니다. 이렇게 되면 게임 속에 접속하지 않아도 우리 집 거실이나 방이 배경이 되어 게임을 즐길 수 있게 되는 것이지요.

혼합현실의 세계는 가상현실과 증강현실의 기반 위에서 만들어진 것으로, 이 두 개를 적절하게 합쳐놓은 중간 단계로 생각하면 돼요.

혼합현실이 증강현실과 다른 점은 사용자 간에 소통이 이루어질 수 있다는 점이랍니다.

회의실의 예를 들어 볼게요. 혼합현실 회의실에서는 여러 사용자들이 회의실이 아닌 다른 장소에서 아바타를 이용해 실제 회의실에 접속하여 회의를 진행할 수 있다고 해요. 사용자들의 모습을 대신한 가상현실 속 아바타가 회의실이라는 실제 공간에 증강현실로 출현하여 사용자 간의 소통을 할 수 있도록 만든 것이지요.

이것이 가상현실과 증강현실을 합쳐놓은 혼합현실의 세계입니다.

AR 기기는 주로 안경 형태가 많아요. 안경을 쓰는 것처럼 가볍게 얼굴에 장착하기 때문에 VR 장비에 비해 훨씬 가볍고 사용이 편리하다고 해요, 이것을 AR 글래스라고 합니다.

AR 글래스는 거리를 거닐다가 음악을 들을 수도 있고 친구를 만나면 친구의 전화번호, 메일 등이 증강현실 이미지 형태로 안경 화면에 보여져요.

거리를 지나다가 모르는 길이 나오면 검색한 경로가 AR 안경에 보여지고 길을 안내해 준답니다.

현재 AR 글래스는 많은 개발과 연구가 진행되고 있으며 머지않아 상용화될 것이라고 해요.

그렇지만 배터리가 오래 가지 못하고 빛에 민감하며 사생활 보호라는 사회적 문제를 유발할 수 있다는 걱정도 AR 글래스가 가지고 있는 문제라고 해요.

그럼에도 현재 과학기술의 발전은 우리가 생각하는 것보다 훨씬 빠르기 때문에 머지않은 미래에 AR 글래스는 쓰는 스마트폰이라고 불릴 정도로 상용화될 것으로 예측하고 있어요.

아직은 인류가 목표로 하는 완벽에 가까운 AR 글래스는 아니지만, 스마트폰이 처음 나왔을 때처럼 어느 순간 급속도로 발전할 것으로 기대하고 있어요.

이밖에도 애플사는 고글 형태의 AR과 VR 헤드셋을 출시할 예정에 있으며 2025에는 AR 안경을, 2030년에는 눈에 직접 끼워 넣는 AR 콘텍트렌즈를 출시 예정이라고 해요.

만약 이런 첨단 기기들이 출시되기 시작하면, 우리는 들고 다니는 스마트폰에서 안경이나 콘텍트렌즈처럼 착용하는 스마트폰 시대로 변화를 맞이하게 되겠죠?

상상하면 할수록 무척 호기심이 생기는 세상입니다.

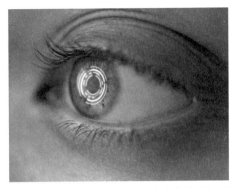

AR 콘텍트렌즈가 출시되면 더 편하게 더 많은 것을 즐길수 있게 될 거예요.

라이프로깅 서비스: 내 모든 생활이 데이터가 되는 메타버스

메타버스 세상이 오는데 필요한 세 번째 기술로는 무엇이 있을까요? 그것은 라이프로깅^{lifeloging} 서비스입니다. 매우 어려운 말처럼 들리나요? 이 말은 '생활'이란 뜻의 Life와 '기록하다'는 뜻의 Log가 합쳐진 말이에요. 다시 말해 '생활의 기록'인 것이지요.

생활의 기록 하면 떠오르는 게 뭐가 있나요? 바로 일기입니다. 일기야말로 아날로그 '라이프로그'라고 할 수 있어요.

일기는 매일의 날짜와 날씨 그리고 내가 언제 어디서 무엇을 했고 어떤 것이 인상에 남았는지 기분은 어땠는지 아주 자세히 기록해요.

이런 기록들 때문에 시간이 흘러서도 과거의 내가 무슨 일을 했는지 알 수 있고, 추억할 수 있게 되는 거랍니다.

일기장과 앨범은 아날로그적 라이프프로그예요.

그리고 지금은 거의 사라졌지만, 사진을 보관하는 앨범 또한 라이프로그라고 할 수 있어요. 종이로 만든 인스타그램 같은 것이지요.

메타버스 세상에서 말하는 라이프로그lifelog는 우리의 일상을 일기장이나 사진앨범이 아닌, 인터넷이나 스마트폰 혹은 특정 디바이스에 기록하는 것을 말해요.

사실 라이프로그는 이미 오래전부터 여러분도 알고 있고, 이용하고 있는 활동이에요. 여러분은 현재 다양한 SNS를 통해 친구들과 일상을 공유하고 있을 거예요.

멋진 사진을 올리는 인스타그램도 있고 친구들과 재미나는 영상을 공유하고 요즘 무엇에 관심이 있는지 글로 쓰는 유튜브나 페이스북 등도 나의 일상을 기록하는 플랫폼이에요.

이밖에도 트위터나 카카오스토리, 핀터레스트, 틱톡 등 다양한 SNS를 이용하여 나의 기록을 남기고 수많은 사람들과 소통을 하고 있지요.

이렇게 같은 취미나 관심사를 가진 사람들끼리 인터넷을 통해 공유하고 관계를 맺고 소통할 수 있게 해 주는 플랫폼들을 사회관계망 서비스 social networking service 즉 SNS라고 부릅니다.

대표적인 SNS.

우리는 이 SNS 서비스를 통해 내가 언제, 어디서, 무엇을, 어떻게 했는지 알 수 있으며 오래도록 나의 기록으로 남길 수 있지요. 현재는 이 SNS 플랫폼이 과거의 일기나 사진 앨범과 같은 역할을 하고 있어요.

이렇게 다양한 종류의 SNS는 나의 정보를 인터넷 플랫폼에 올려 저장하고 공유하는 라이프로그입니다.

스마트폰은 어떨까요? 스마트폰에 나의 일상이 기록되는 것으로는 무엇이 있나요?

먼저 스케줄 관리를 위해 쓰는 다이어리 앱이 있고 매일 운동을 하면 몇 킬로를 걷고 달렸는지 알려 주는 건강 체크 앱이 있지요.

스마트폰에 저장된 이 두 개의 앱만 보아도 내가 언제 무엇을 했고 하루에 얼마만큼 움직이고 운동을 했는지 나의 생활의 많은 부분을 기록할 수 있습니다.

다이어리 앱과 건강체크 앱 모두 넓은 의미의 라이프로깅이에요.

우리가 학원에 가거나 부모님께서 회사에 출·퇴근할 때 카드 단말기에 카드를 가져다 대면 입실과 퇴실 시간이 정확하게 찍혀 저장되고 있는 장치도 있습니다. 이것도 일종의 라이프로그라고 할 수 있어요.

네비게이션은 어떨까요? 네비게이션에는 저 하늘 위의 인공위성과 연결된 GPS(위성항법장치)를 통해 정확한 나의 위치와 언제 어디로 이동했는지 거리와 시간, 자주 가는 장소 등 개인의 이동 정보가 기록되고 있지요.

신용카드도 대표적인 라이프로그 중 하나입니다. 우리가 물건을 사고 신용카드를 결제한 순간 언제 어떤 물건을 어느 매장에서 몇 개를 샀는지 기록해 줍니다. 이 기록은 전자가계부와 연동되어 가계부 앱에 자동으로 기록할 수도 있답니다.

이것 말고도 심박수나 혈압, 운동량 등을 기록해 주는 헬스케어 웨어러블(몸에 입거나 장착하는 기기)이라고 불리는 스마트워치나 스마트밴드 등을 통해 저장되는 나의 운동 정보 기록 등 이 모든 기술들이 라이프로그라고 할 수 있지요.

우리 주변을 살펴보면 우리가 알게 모르게 사용하는 라이프로그 기술과 시스템이 많이 있습니다.

이렇게 나의 모든 일상의 기록을 남기는 행동을 뜻하는 말을 라이프로깅

lifeloging이라고 해요. 그리고 라이프로깅을 가능하게 해 주는 모든 기술적 서비스를 라이프로깅 서비스Life logging service'라고 합니다.

라이프로깅은 나의 하루를 기록한다는 의미랍니다.

그런데 미래 메타버스 세상에서는 이러한 개인의 기록들이 왜 필요할까요?

라이프로깅은 우리 생활 속에서 여러 가지로 응용될 수 있고 생활에 도움이 되는 정보로 다시 만들어질 수도 있기 때문이에요. 한 가지 예를 들어 볼게요.

어느 날 갑자기 배가 아파 응급실에 갔다고 상상해 보아요. 의사 선생님은 왜 배가 아픈지 진단을 내리기 위해 여러 가지 검사를 통해 정보를 모으실 거예요.

그때 환자의 라이프로그 기록이 담긴 플랫폼이 만들어져 있다면, 의사 선생님은 의료적 검사와 함께 나의 일상을 담은 라이프로그 플랫폼에서 평소 내가 즐겨 먹던 음식, 운동량, 수면시간, 영양 상태, 식습관 등 다양한 생활습관을 검색해 진료에 참고할 수 있을 거예요.

의료 분야에도 라이프로깅은 매우 중요한 정보를 제공해요.

　이런 기록들은 SNS에 올린 음식 사진이나 일상의 공유, 몸에 장착하고 있던 AR 글래스나 스마트폰, 스마트워치, 스마트밴드, 스마트웨어(옷), 스마트 슈즈 등에 부착된 센서들에서 받은 정보가 오랜 시간 축적된 플랫폼을 통해 병원과 연계되어 정보를 제공함으로써 더 효율적인 진료를 가능하게 해 줘요.

　이와 같은 개인의 정보는 단순히 병이 났을 때뿐만이 아니라 평소 건강관리를 하거나 오래 앓아왔던 고질병을 고치는 데 도움을 줄 수 있답니다.

　또한 이런 기록들은 증강현실 프로그램을 만들 때 이용될 수도 있다고 해요. 특히 라이프로깅이 가장 적극적으로 활용될 것으로 예상되는 분야가 헬스케어와 의료 분야라고 해요.

　라이프로깅은 개인적인 기록을 넘어 내가 어떤 사람인지를 보여 주는 정보이기도 해요. 메타버스는 디지털로 된 또 하나의 세계이므로 디지털 세상에서 나를 대변할 수 있는 또 다른 나인 '아바타'를 만들 때 활용할 수 있어요.

　현실 속에서 내가 무엇을 했는지를 보여 줄 수도 있지만, 내가 관심 있고 잘할 수 있는 분야 또는 내가 보여 주고 싶은 모습만 보여 줄 수도 있다는 게

장점인 아바타 즉 일명 요즘 유행하는 '부캐(부캐릭터)'를 만들 때 라이프로깅 정보를 활용하는 것이죠.

다시 말해 나는 현실에, 또 다른 나인 내 아바타는 메타버스 세상에 살면서 나의 라이프로그 정보들이 아바타의 성격, 취미, 특기 등으로 부여되는 것이랍니다.

라이프로깅은 나의 생활 패턴을 저장해 주는 수많은 디바이스(device, 특수한 목적을 위해 만든 기계나 장치)들을 통해 플랫폼을 만든 기업의 중앙 서버에 저장되어 있다가 필요할 때 공유될 수 있고 다시 검색해서 기록을 찾을 수 있어요. 이것을 클라우드 서비스라고 해요. 클라우드 서비스를 통해 인터넷 속 세상과 현실 속 생활이 연결되는 또 다른 형태의 메타버스라고 할 수 있지요.

이런 모든 일이 가능하기 위해서는 바로 라이프로깅 서비스를 위한 기술이 발전해야 해요. 바로 사물인터넷과 웨어러블(입거나 몸에 장착하여 정보를 전달해 주는 센서) 디바이스의 발전이 함께 이루어져야 하는 것이죠.

또한 라이프로깅을 위해서는 반드시 빅데이터와 클라우드 컴퓨팅도 같이 성장해야만 해요.

지금까지 라거의 라이프로깅부터 미래의 라이프로깅까지 살펴봤어요. 이를 통해 우리는 이미 오래전부터 라이프로깅을 하고 있었음을 확인할 수 있었습니다.

여러분이 알게 모르게 축척해 놓은 이와 같은 개인의 기록은 라이프로깅 서비스 플랫폼 기업의 서버에 저장되어 다양한 분야로 분석된 뒤 홍보, 의료, 스포츠 등 많은 분야의 빅데이터 정보로 사용될 수도 있지요.

이처럼 미래 사회는 우리의 모든 것이 기록되어 활용되는 라이프로깅 메타버스 시대가 열린다는 것을 알 수 있어요.

거울세계: 거울을 보듯 현실을 그대로 본따서 만든 현실 복사판 메타버스

메타버스의 형태는 기술에 따라 컴퓨터 속에 완전히 몰입하여 그곳에서 사회, 경제, 문화 등의 활동을 하는 가상세계와 현실에 필요한 정보만을 덧붙여 사용하는 증강현실, 개인의 일상을 기록할 수 있는 모든 서비스를 통해 나의 일상이 모두 데이터화 되어 인터넷으로 연결되고 공유되는 라이프로깅의 세계로 구분하고 있어요.

가상현실 메타버스나 라이프로깅 메타버스 세계 안에서 나는 현실 세상의 나와 다르게 표현될 수도 있답니다. 현실에서는 학생이지만 가상의 아바타는 멋진 댄서가 될 수도 있기 때문이지요.

이렇게 자신을 표현하고 여가를 즐기고 게임을 하기 위해서는 필요에 따라 '부캐(자신을 대변하는 또 다른 부캐릭터)'로 살아갈 수도 있지만, 우리는 여전히 현실에서 밥을 먹고 학교를 가고 일을 하며 지내고 있어요. 실제로 현실 세계의 영향력은 여전히 우리 삶에 강력하게 작용하고 있는 것이죠.

그래서 가상과 현실의 경계가 사라지고 서로 연결되어 있다는 메타버스 플랫폼에서도 현실을 기반으로 하는 정보는 매우 중요해요.

그런데 메타버스 플랫폼 중에는 현실의 모습과 정보 등을 그대로 복사해

우리의 세계를 그대로
옮긴 세계를 거울 세
계라고 해요.

서 인터넷 세상으로 옮겨 놓은 형태가 있어요.

이 메타버스 플랫폼은 가상현실처럼 새롭게 창조된 세상도, 증강현실과 같이 정보가 덧입혀진 것도 아닌, 우리가 생활하는 현실의 정보가 똑같이 반영된 곳이에요. 이런 형태의 메타버스를 '거울 세계'라고 해요.

거울 세계의 특징은 현실 세계를 기반으로 수많은 정보가 추가로 더해져 만들어진 플랫폼이에요. 이런 것을 정보의 '확장성'이라고 합니다.

거울 세계 또한 이미 우리가 충분히 이용하고 있는 서비스입니다. 가장 대표적인 거울 세계 플랫폼은 앞에서 언급했던 구글 어스EARTH나 네이버 지도가 있어요.

네이버 지도의 예를 들어 볼까요?

우리는 모르는 지역에 방문할 때, 네이버 길 찾기 서비스에 접속하여 출발지와 도착지를 입력합니다.

네이버 길 찾기 서비스는 사용자가 입력한 정보를 바탕으로 버스, 지하철,

자동차, 도보 등 도착지까지 가는 방법, 도로 상황, 정류장과 지하철역의 위치 등 정확한 길 안내를 위한 수많은 정보가 지도 위에 펼쳐집니다. 이때 네이버 지도에는 실제 우리가 살고 있는 현실 세계의 도로, 건물, 정류장 및 지하철역, 관공서 등이 실제와 똑같은 위치에 표시되고 있지요.

네이버 지도에는 단순히 건물의 위치만 표시되는 것이 아니랍니다. 건물 안에 있는 다양한 상점들의 상호와 더불어 배달이 되는 곳인지, 재난지원금이 사용될 수 있는 곳인지, 주차가 되는 곳인지, 사용자의 위치에서 어떻게 가야 하는지 등 확장된 정보가 포함되어 있어요.

우리는 네이버 지도를 통해 길 찾기뿐만 아니라 다른 분야까지도 다양하게 이용할 수 있어요. 음식 배달, 택시 부르기, 네비게이션, 부동산 검색 등 그 이용 범위는 무궁무진합니다.

또한 네이버 지도에는 GPS(위성항법장치)를 이용해 사용자의 현 위치 정보도 입혀집니다. 이것은 내 위치를 중심으로 살고 있는 동네와 지역을 중심으로 한 거울 세계 플랫폼을 만드는 데 큰 역할을 해요.

좋은 예 중 하나가 최근에 많이 사용되는 코로나 19 백신 접종 병원 검색 서비스입니다.

코로나 19가 전 세계에 퍼지면서 백신 접종은 매우 중요한 관심거리가 되었지요. 사람들은 백신 접종을 위해 네이버 지도 서비스를 많이 이용하고 있어요. 지도 서비스는

질병관리청은 네이버와 카카오톡과 연계해 백신 접종을 예약하거나 코로나 19에 대한 정보를 사람들에게 알리고 있어요. www.kdca.go.kr

우리 동네에서 백신 접종이 가능한 병원이 어디에 있으며 접종 가능한 인원은 몇 명인지, 병원 예약 가능 시간 등을 알려 주는 실시간 플랫폼이 되었답니다.

이렇게 네이버 지도는 단순히 길을 알려 주는 일뿐만 아니라 다양한 정보를 집어넣어 우리의 생활을 더욱 편리하게 해 줄 수 있는 중요한 도구가 되고 있어요. 이런 모든 정보가 네이버 지도라는 디지털화된 가상의 공간에 펼쳐지고 있는 것이지요.

이것은 우리의 상상으로 창조한 가상세계가 아닌, 실제 현실의 도시가 거울에 비친 것처럼 똑같이 복사되어서 만들어진 지도 플랫폼을 기반으로 하고 있어요. 그래서 거울 세계라는 이름이 붙은 것이죠.

네이버 지도나 구글 어스와 같은 플랫폼은 모든 정보를 한눈에 볼 수 있다는 장점이 있으며 이것이 가상현실(VR)이나 증강현실(AR) 기술과 연결되어 2D가 아닌, 좀 더 몰입감 넘치는 3D로 표현되고 라이프로깅 기술까지 더해진다면 우리는 완전한 쌍둥이 지구인 메타버스 디지털 세상에 들어가게 될 것입니다.

이밖에도 거울 세계 메타버스의 예는 아주 다양하며 몇 가지를 더 소개하면 에어비엔비(호텔 공유 서비스), 배달앱, 화상회의 ZOOM, 카카오뱅크 등 매우 다양한 분야에 걸쳐 우리 생활 속에 없어서는 안 될 서비스로 자리 잡고 있어요.

앞으로도 거울 세계 메타버스 플랫폼의 응용 분야는 무궁무진해요. 여러분이라면 풍부한 상상력으로 현실 지구에 필요한 다양한 디지털 서비스를 거울 세계 메타버스 플랫폼을 통해 만들어 나갈 수도 있을 것입니다.

메타버스를 현실로
만드는 직업

메타버스를 만드는 사람들 · 컴퓨터 프로그래머 · 컴퓨터 그래픽(CG) 디자이너 ·

홀로그램 기술 연구원 · 증강현실 시스템 개발자 · 가상현실 전문가 · AI 전문가 ·

사물인터넷 개발자 · 빅데이터 전문가 · 웨어러블 전문가 ·

블록체인 개발자 그리고 NFT 기술

메타버스를 만드는 사람들

'구글 어스'를 개발한 구글의 창립자인 세르게이 브린은 아주 오래전, 닐 스티븐슨의 《스노 크래시》를 읽고 영향을 받아 세계 최초의 영상 지도를 만들었다고 해요.

'포트나이트'를 제작한 에픽게임즈의 CEO는 '메타버스는 인터넷의 다음 버전이다'라고 말했어요.

이처럼 메타버스의 세계는 앞으로 다가오는 세상이 아닌, 이미 우리 옆에 와 있는 현재의 일이라고 할 수 있어요.

하지만 우리는 메타버스를 완성해 가는 과정 속에 살고 있기 때문에 아직은 정확한 메타버스가 무엇인지 잘 느끼지 못하는 것일 수도 있지요.

메타버스는 아주 오래전부터 준비되어 왔고 코로나 19와 인터넷 환경이 크게 발전하면서 급속도로 우리에게 다가온 미래라고 할 수 있어요.

만약 여러분이 우리나라를 떠나 미국에 이민을 간다면 무엇을 준비해야 할까요? 새로운 시민권을 부여받고 우리와는 다른 문화를 익히고 그 나라의 언어를 배워야 해요.

또 경제와 사회생활을 위해 직업을 선택하고 새로운 환경에 적응하려고 노력하게 될 것입니다.

이것과 마찬가지로 메타버스라는 새로운 세계로 이주를 하기 위해서는 메타버스 플랫폼을 이해하고 잘 적응할 수 있도록 배우며 메타버스 세계에서 필요한 직업을 준비해야겠지요. 이제 메타버스 플랫폼은 우리와 분리된 인터넷 속 디지털 세상이 아닌, 우리의 생활과 바로 연결되어 움직이는 세상이 될 것이기 때문이에요.

그렇다면 지금 메타버스 세상을 만드는 사람들과 그들의 직업으로는 무엇이 있을까요? 지금부터 메타버스와 관련된 현실 속 직업을 분야별로 알아보도록 해요.

메타버스 플랫폼과 장비를 만들기 위한 직업

메타버스 플랫폼은 크게 두 가지로 나누어 볼 수 있어요. 하나는 거대 글로벌 기업이 큰 자본을 들여 연구, 개발하는 플랫폼과 소규모 벤처기업이나 개인이 모인 팀이 아이디어를 가지고 시작된 플랫폼입니다.

대표적인 글로벌 기업으로는 구글이나 페이스북, 네이버, 마이크로소프트 등이 있어요.

네이버의 제페토, 페이스북의 호라이즌, 구글의 스타라인, 마이크로소프트의 메시 등과 같은 메타버스 플랫폼은 메타버스의 기반이 되는 환경을 만드는 플랫폼으로, 현재 우리가 사용하고 있는 인터넷 검색포털과 SNS의 메타버스 버전이라고 할 수 있어요.

이 중 구글의 프로젝트 스타라인은 실제와 비슷한 느낌을 주는 3D 비대면 영상대화를 할 수 있도록 개발 중이에요.

마이크로소프트의 매시^{mash}는 홀로렌즈2와 협업 환경을 만들어 다른 사람과 작업할 수 있도록 구현해요. 아직 개발 중이거나 시작단계이지만 비대면 사회에서는 아주 멋진 작업환경을 제공할 것이라고 기대하고 있어요.

이와는 달리 소규모 벤처기업이나 개인들의 아이디로 만들어진 메타버스 플랫폼은 주로 게임으로 시작되었다고 해요.

게임 플랫폼으로 시작해 메타버스 포털 플랫폼으로 성장하고 있는 대표적인 사례 중 하나로 로블록스^{Roblox}가 있어요.

로블록스는 데이비드 바수츠키$^{David\ Baszucki}$가 2006년에 출시한 온라인 게임 플랫폼이에요. 로블록스는 자체 게임 엔진인 '로블록스 스튜디오$^{Roblox\ Studio}$'를 이용해 유저^{User}가 자신만의 게임을 만들 수 있고 다른 유저와 공유할 수 있다는 것이 큰 특징이에요.

로블록스는 게임플랫폼으로 시작했지만 현재는 대표적인 메타버스 포털 플랫폼으로 성장해가고 있어요.

여러분이 미래에 로블록스나 제페토와 같은 멋진 메타버스 플랫폼을 만드는 직업을 가지고 싶다면 어떤 능력을 키우고 공부를 해야 할까요? 지금부터 이 분야와 연관된 직업을 알아보아요.

컴퓨터 프로그래머

어떤 일을 할까요?

컴퓨터 프로그래머는 원하는 컴퓨터 소프트웨어를 만들기 위해 프로그램의 성격에 맞는 컴퓨터 언어를 이용하여 프로그램의 구조를 설계하고 테스트하는 일을 해요.

메타버스 플랫폼도 컴퓨터 프로그래밍을 기초로 만들어지기 때문에 컴퓨터 프로그래머는 메타버스에 반드시 필요한 직업이라고 할 수 있어요. 특히 메타버스와 같은 3D로 된 게임 플랫폼을 만들 때는

그에 맞는 게임 엔진이 필요해요.

게임 엔진은 시나리오, 인공지능, 애니메이션, 사운드, 그래픽 등 게임을 만들 때 필요한 다양한 시스템을 모아 편리하게 사용할 수 있도록 개발한 도구상자라고 할 수 있어요.

이와 같이 메타버스 플랫폼을 만드는 데 바탕이 되는 엔진 등을 설계하고 만드는 일은 프로그래머들의 중요한 일이랍니다.

메타버스 게임 플랫폼에 사용되는 대표적인 게임 엔진으로는 유니티^{Unity}가 있어요. 유니티 엔진은 유니티 웹 플레이어라고 하는데 전문적인 게임 엔진보다 단순하고 사용법이 쉬워서 개발자들이 게임을 만들 때 많이 이용해 현재는 게임 엔진으로 더 많이 알려져 있어요. 윈도우, 플레이스테이션, iOS, 안드로이드(모바일), 닌텐도 스위치 등 다

게임 엔진을 이용해 여러분이 직접 게임을 만들 수도 있어요.

양한 플랫폼을 지원하는 것이 장점이에요.

컴퓨터 프로그래머는 프로그래밍의 성격에 맞는 다양한 컴퓨터 언어를 익혀야 하기 때문에 항상 새로운 것들을 공부해야 해요.

유행과 시대정신을 받아들이고 새로운 것으로 만들기 위한 노력하는 자세도 꼭 필요하답니다. 또한 새로운 컴퓨터 프로그래밍을 개발하는 개발자로서의 능력도 필요하기 때문에 창의적이고 열려 있는 사고을 가질 수 있도록

정보와 변화에 민감해져야 합니다.

전문가가 되려면 이렇게 준비해 보세요

전공학과로는 전산학과, 수학과, 응용소프트웨어공학과, 정보통신공학과, 컴퓨터공학과 등이 있어요. 관련학과에서 공부를 하면 전문가가 되기 위한 정보 습득에 많은 도움을 받을 수 있지요.

하지만 반드시 이 학과를 전공해야만 컴퓨터 프로그래머가 되는 것은 아니랍니다.

컴퓨터 프로그래밍에 대한 관심과 컴퓨터 언어에 대한 꾸준한 공부를 통해 관련 분야로 진출할 수도 있어요. 어떤 일이든 전공보다는 자신의 관심과 노력이 더 중요해요.

관련 자격증으로는 한국산업인력공단에서 시행하는 정보처리기능사, 정보처리기사가 있어요.

컴퓨터 그래픽(CG) 디자이너

어떤 일을 할까요?

컴퓨터 그래픽(CG) 디자이너는 각종 방송 제작물, 영화, 게임, 광고, 인터넷 홈페이지 등에 컴퓨터 그래픽 프로그램을 이용하여 그래픽, 실사 표현, 특수효과, 3D 입체 효과 등을 표현하는 전문가를 말해요.

컴퓨터 그래픽 디자이너.

특히 메타버스 플랫폼은 3D 기반의 현실감 있는 그래픽이 더욱 중요한 분야로, 그래픽 디자이너들의 역할이 점점 더 중요해질 것으로 예상되고 있어요.

가상현실(VR)과 증강현실(AR) 기술의 발전은 3D 그래픽을 더욱 정교하고 몰입감 있게 만드는 데 중요한 역할을 해요. 이를 활용하는 대표적인 전문가가 바로 컴퓨터 그래픽 디자이너인 것이죠.

컴퓨터 그래픽(CG)기술의 발전과 함께 시작된 컴퓨터 그래픽(CG) 디자이너는 예술적 감각뿐만 아니라 컴퓨터 그래픽 프로그램을 자유자재로 운용할 수 있는 능력이 있어야 해요. 영상물이나 디자인을 기획한 사람의 연출과 의도에 맞는 컴퓨터 그래픽(CG) 구현을 위해서는 남다른 창의력과 독창성이 요구된답니다.

또한 컴퓨터 그래픽(CG)은 장시간이 걸리는 매우 섬세한 작업이니만큼 꼼꼼함과 인내심도 필요해요.

컴퓨터 그래픽으로 구현된 이미지들.

전문가가 되려면 이렇게 준비해 보세요

컴퓨터 그래픽(CG) 디자이너가 되기 위해서는 산업디자인, 컴퓨터 그래픽 등을 전공하면 매우 유리하지만, 정규교육 과정 대신 사설 전문교육 기관에서 실력을 쌓는 방법도 있어요. 관련 자격증으로는 시각디자인산업기사(기사), 컴퓨터 그래픽스 운용기능사 등이 있으며 자격증을 취득하는 것도 컴퓨터 그래픽(CG) 디자이너로 진출할 수 있는 좋은 방법 중 하나랍니다.

하지만 컴퓨터 그래픽(CG) 디자이너에게 가장 중요한 것은 학력이나 전공보다 실력이에요. 그림이나 사진을 입체적으로 컴퓨터에 옮기는 단순 과정을 떠나 제작자의 기획 의도를 잘 이해하고 사람들에게 효과적으로 표현하기 위해서는 그림 솜씨나 컴퓨터 운용 기술만 좋아서는 한계가 있기 때문이에요.

메타버스 플랫폼은 점점 발전해가고 있는 분야이기 때문에 더욱 더 변화하는 사람들의 생각, 사회 문화적인 트렌드, 사물을 바라보는 독특한 시각과 감성 등을 길러야 해요.

이런 시각과 감성을 기르기 위해서는 평소에 사회, 문화적인 관심을 놓지 않고 정보를 수집해야 하며 사람의 마음을 이해하기 위한 다양한 노력이 있어야 해요.

컴퓨터 그래픽(CG) 디자이너는 현재 주로 방송, 광고, 게임, 애니메이션 회사에 진출하며 인쇄, 건축, 전문 컴퓨터 그래픽 회사 등에서도 일을 할 수 있어요.

컴퓨터 그래픽 디자이너가 활동하고 있는 대표적인 예로는 애니메이션, 영화, 방송 등이 있어요.

그리고 이제 메타버스 시대로 진입하면서 컴퓨터 그래픽의 영역은 영상제작뿐만 아니라 새로운 영역으로 확대되고 있는 것도 컴퓨터 그래픽 디자이너의 전망을 밝게 해 주고 있어요.

스마트폰의 보급이 시작되고 애플리케이션 사용이 증가하면서 그래픽 사용자 인터페이스(GUI)의 중요성도 갈수록 높아져가고 있어요

여러분은 컴퓨터를 이용할 때 마이크로소프트사의 WINDOW 운영체계를 만나게 돼요.

그래픽 사용자 인터페이스(GUI)란, 사용자가 컴퓨터와 쉽게 소통할 수 있도록 그림

이나 아이콘, 기호, 색상 등을 이용해 쉽게 표현하는 것으로, 대표적인 예로 마이크로소프트사의 WINDOW 운영체계가 있어요.

윈도우 운영체제는 명령어를 하나씩 입력해야 하는 MS-DOS의 불편했던 운영체계를 한눈에 볼 수 있는 그래픽과 아이콘, 위젯, 포인터 등을 통해 편리하게 바꾸면서 컴퓨터를 대중화하는 데 큰 역할을 했어요.

컴퓨터 그래픽 디자인 기술은 메타버스 시대에 접어들면서 더욱 발전하고 있어요. 2D 평면에 디자인되던 사용자 인터페이스가 3D 입체로 표현되는 가상현실이나 증강현실과 접목되면서 더 현실감 있고 몰입감 있는 그래픽으로 변화하게 되었어요.

3D 컴퓨터 그래픽의 발전은 컴퓨터의 성능이 급속도로 발전하고 다양한 소프트웨어의 개발 덕분이라고 할 수 있어요.

3D 컴퓨터 그래픽 디자이너들은 일반적으로 3D 렌더링 전용 소프트웨어를 사용하여 디자인해요. 3D 렌더링은 3D 컴퓨터 그래픽에 입체적으로 보이는 효과를 넣어 현실감 있게 보이도록 하는 기술을 말해요.

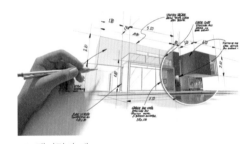

3D 랜더링의 예.

기술의 발전이 빠르게 진행되는 만큼 컴퓨터 그래픽 디자이너들 또한 언제나 새로운 기술을 익히고 배워야 해요.

이밖에도 의료나 항공 시뮬레이션, CAD, 편집 인쇄, 스마트폰 애플리케이션을 사용하는 사용자들에게 더욱 편리한 환경을 제공하기 위한 UX 디자인^{User Experience} 등에 컴퓨터 그래픽이 사용되고 있으며 디자이너의 진출 분야는 계속 넓어지고 있어요.

CAD, 소프트웨어 엔지니어링, 편집 디자인에도 컴퓨터 그래픽이 이용되고 있어요.

이제 모든 정보가 그림이나 영상 등으로 전달되는 세상에서 컴퓨터 그래픽(CG)은 필수적인 분야가 되었어요. 그리고 컴퓨터 그래픽(CG) 디자이너는 모든 정보가 그래픽으로 처리되고 있는 환경 속에서 더 많은 수요와 관심을 받게 될 것으로 전망되고 있어요.

홀로그램 기술 연구원

홀로그램은 완전한 사진이라는 뜻이에요. 완전한 사진이라는 것은 가로, 세로에 의해 표현되는 2차원의 평면적인 사진이 아니라 실제 모습처럼 보이는 3차원 입체 영상이나 사진을 말해요.

홀로그램은 홀로그래피의 원리에 의해서 만들어지게 돼요. 홀로그래피의 원리를 처음 개발한 사람은 전기공학자 데니스 가보르[Dennis Gabor, 1900~1979]로 그는 이 발명으로 1971년 노벨 물리학상을 받았어요.

홀로그래피의 원리는 빛의 간섭무늬 현상을 이용해서 만들어요. 간섭무늬 현상은 빛을 2개로 나누어 하나는 물체에 비추고 다른 하나는 스크린에 비춘 다음, 물체를 비춘 빛을 다시 스크린에 비춘 빛과 겹치게 하여 만들어지는 현상으로, 입체적인 상이 필름에 나타나게 하지요.

이렇게 홀로그래피 원리로 만들어진 3차원의 입체적인 상을 홀로그램이라고 해요.

대표적인 홀로그램을 이용한 AR 장비로 마이크로소프트사가 개발 중인 '홀로렌즈2'를 들 수 있어요.

홀로렌즈의 가상 이미지.

그리고 홀로그램 기술의 발전은 증강현실(AR) 메타버스 플랫폼을 만들어가는 데 매우 중요한 역할을 할 것으로 기대되고 있어요.

어떤 일을 할까요?

홀로그램 기술 연구원은 홀로그래피 원리를 이용하여 만들어진 홀로그램 사진이나 영상을 좀 더 사실적이고 입체적으로 만들기 위한 기술적인 연구와 개발을 하는 전문가를 말해요.

가보르가 홀로그래피 원리를 발견한 후에 홀로그램은 많은 물리학자와 전기공학자들이 연구하고 기술 개발이 되고 있어요.

사람들이 홀로그램에 관심을 갖게 된 계기는 영화와 공연에 이용하면서부터였어요. 과학의 영역이 다양한 예술과 콘텐츠와 만나면서 새롭게 발전하는 좋은 예라고 할 수 있지요.

메타버스에 증강현실이나 가상현실 기술이 이용되면서 홀로그램 기술 개발이나 연구를 하는 연구원의 역할은 더욱 중요해지기 시작했어요.

홀로그램 기술은 계속 발전하고 있지만 우리가 영화에서 보는 것처럼 3차원 공간에서 볼 수 있는 3D 입체영상을 구현하는 단계가 되기에는 아직도 더 많은 발전을 필요로 해요. 홀로그램 기술은 이제 시작 단계이기 때문이지요. 그런데 이용할 수 있는 분야가 매우 많아 이 분야의 전망은 밝아요.

전문가가 되려면 이렇게 준비해 보세요

홀로그램 전문가로 일을 하기 위해서는 가장 먼저 홀로그램이 무엇인지 이해하고 공부하는 시간이 필요해요.

메타버스 시대를 여는 핵심 기술 분야로 주목받고 있는 홀로그램 기술 개발은 아주 전문적인 분야이기 때문에 대학이나 대학원에서 공부를 하는 것이 반드시 필요해요. 가장 기본이 되는 물리학, 광학, 전기공학, 전자공학, 레이저, 시각디자인, 영상그래픽디자인, 3D 영상기술 등 관련학과에 진학해 전문적인 공부를 한 뒤 연구소에서 일을 할 수 있어요.

홀로그램은 과학적 연구영역에서 시작해 점점 더 많은 분야와 접목되면서 그 필요성과 이용가치가 높아지고 있어요.

1983년 마스터카드에 위조방지를 위한 홀로그램이 사용된 이래로 의료, 저장매체, 설계, 전시, 공연 등 매우 다양한 분야에 활

마스터카드에 처음 이용된 홀로그램.

용되고 있으며 앞으로도 그 필요성은 더욱 높아지게 될 거에요.

우리나라에서도 미래창조과학부 'ICT R&D 중장기전략'의 10대 핵심기술 중 하나로 선정될 만큼 미래 4차 산업을 이끌어갈 중요한 기술이 될 거예요.

메타버스 시대에 가상현실이나 증강현실의 발전과 더불어 홀로그램 영상은 더욱 실감나는 세계를 만들어갈 거에요.

아직은 시작 단계인 홀로그램 기술이지만 4차 산업의 꿈나무인 여러분이 관심을 갖고 이 분야에 진출해 완전한 3차원 입체 홀로그램을 탄생시킬 그 날을 기대하고 있어요.

증강현실 시스템 개발자

메타버스 기술 중 가장 관심이 모이는 분야는 가상현실과 증강현실일 거에요. 그렇다면 가상현실과 증강현실의 차이는 무엇일까요?

이미 앞에서 설명했지만 가상현실은 말 그대로 현실이 아닌 가상으로 만들어낸 세계에요. 그에 반해 증강현실은 현실세계에 가상현실을 덧붙여 정보와 설명을 제공하거나 보완해 주는 기술이에요.

증강현실 기술은 1990년대 항공기 제작회사인 '보잉'사가 비행기를 조립하는 과정에서 가상 이미지를 이용하면서 처음 소개되었

보잉사는 비행 훈련도 증강현실을 이용하고 있어요.

어요.

　이후 스마트 기기들의 출시로 인해 증강현실은 더욱 발전하게 되었어요. 증강현실이 적용된 대표적인 예 중 하나가 '구글 글래스'로, 많은 사람들의 관심과 기대 속에 출시되었지만 안타깝게도 사생활 침해 등 다양한 사회적, 기술적 한계에 부딪혀 2015년 판매중단을 하게 되었어요.

미군이 구글 글래스를 쓰고 있는 모습.

　다음 해인 2016년 '포켓몬고'라는 게임이 출시되면서 '증강현실'이 다시 한번 사람들에게 집중적인 관심과 호응을 얻게 돼요.

　그리고 이제 메타버스 시대를 맞이하면서 증강현실은 핵심적인 기술로 다시 한번 관심을 받고 있어요. 증강현실 기술이 가능하게 될 수 있었던 것은 초고속 인터넷의 발전과 컴퓨터의 높은 정보처리 능력 그리고 어디서나 정보를 주고 받을 수 있는 클라우딩 기술의 발전 덕분이에요.

　이밖에도 GPS 시스템과 GPS 정보가 저장된 위치정보시스템 등 데이터를 송수신하여 영상으로 구현하는 증강현실 앱 등의 기술이 발전한 것도 큰 영향을 미쳤어요.

하나의 기술이 탄생하기까지는 여러 가지 기술이 복합적으로 작용해야 하는데 증강현실 기술이야말로 수많은 IT 기술이 모여 만들어진 결과물이라고 할 수 있어요.

증강현실로 기계를 고치거나 교육을 받거나 물류를 관리할 수 있는 사회가 시작되고 있어요.

어떤 일을 할까요?

증강현실 시스템 개발자는 현실세계와 가상세계를 혼합하여 정보를 제공하거나 현실세계를 보완해 주는 영상을 만드는 시스템을 개발하는 전문가를 말해요.

증강현실 시스템 개발자가 하는 일 중 가장 중심이 되는 일은 알고리즘을 개발하는 것이에요.

알고리즘은 컴퓨터 프로그래밍 과정 중에 컴퓨터가 문제해결을 위해 어떤 방법을 사용하고 어떻게 해결해야 하는지에 대한 내용을 담은 자세한 방법과 계획을 순서에 맞게 정해 주는 과정이에요.

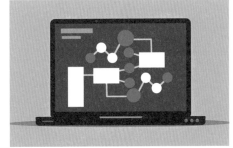

알고리즘의 이미지 예.

이러한 프로그래밍 과정을 통해 증강현실 프로그램이 안정적으로 운영될 수 있도록 전체적인 시스템을 테스트하고 완성해 가는 일을 해요.

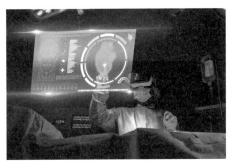

증강현실은 의료 분야에도 적용되고 있어요.

또한 어떤 증강현실을 만들 것인지 등 새로운 제품에 대한 아이디어도 내지요. 그러기 위해선 의료, 게임, 제조 등 다양한 분야에 적용될 수 있는 증강현실 시스템을 연구하고 정보를 수집하는 일에도 관심을 가지고 있어야 해요.

무엇보다도 개발자가 만들고 싶은 증강현실이 무엇인지 관심을 갖고 관련 분야에 대한 공부와 창조적 사고력을 멈추지 않는 것이 중요해요. 여러분은 어떤 증강현실 개발자가 되고 싶나요?

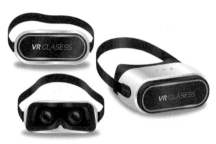

현재 개발되어 사용 중인 VR 헤드셋과 더 가벼워질 미래의 AR 글래스 이미지.

되는 법

증강현실시스템 개발자가 되기 위해서는 프로그래밍에 대한 전문적인 지식이 있어야 해요. 따라서 컴퓨터와 관련 된 공부가 가장 유리하겠지요. 관련학과로는 컴퓨터공학, 정보처리학, 영상처리, 게임프로그래밍, 소프트웨어 등이 있어요.

동시에 알고리즘 개발은 수학적 논리력이 매우 요구되는 분야이므로 평소에 수학에 대한 관심을 가지고 열심히 공부한다면 아주 큰 도움이 될 것입니다.

우리가 보는 증강현실은 재미있고 신기하지만 그것을 만들어 내는 과정은 매우 세심하고 인내력

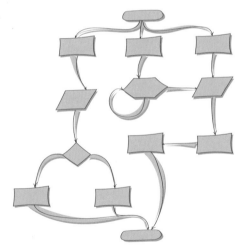

알고리즘의 형태는 매우 다양해요.

이 많이 요구되는 일이에요. 어떠한 일이든 자신의 적성을 잘 고려해서 도전하고 준비해 간다면 꿈을 꼭 이룰 수 있을 거에요.

2007년 미국 메사추세츠공대(MIT)는 증강현실을 미래혁신기술로 선정했으며 우리나라 또한 2016년 미래신직업으로 '증강현실 전문가'를 선정하고 육성 계획을 추진하고 있어요.

증강현실 개발자는 현재 게임업체나 어플리케이션 개발 업체 등에 많이 진출하고 있으나 항공, 지질, 의료, 기상, 환경 등 다양한 분야로 진출할 가능성이 높아지고 있으며 다양한 콘텐츠 개발을 위해 많은 노력을 하고 있어요. 그래서 미래 사회에서는 메타버스의 핵심 기술로 발전해 우리 생활 전반에도 다양하게 사용되어질 전망이에요.

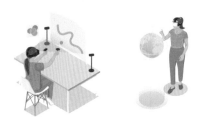

증강현실로 옷을 입어보지 않아도 어울리는지 확인할 수 있을 뿐만 아니라 증강현실 마케팅, 증강현실 VR 안경으로 더 많은 것들을 할 수 있게 될 거에요.

가상현실 전문가

가상현실이란, 컴퓨터 프로그램에 의해 만들어진 현실과 비슷하지만 실제
가 아닌 시공간의 가상 환경이나 상황을 말해요.

가상현실을 만드는 기술로는 컴퓨터를 이용하여 3차원 물체를 그리는 과
정인 3D 모델링과 인터넷상에서 가상 현실을 볼 수 있도록 3차원 공간을 표
현는 텍스트 파일인 VRML^{Virtual}

Reality Modeling Language 등이 있어요.

3D 모델링은 물체를 컴퓨터 안
의 가상 공간에 선, 면, 다각형으
로 표현하며 표현된 모양에 질감
과 양감을 더해 실제 모양과 같이

3D 모델링으로 입체적 게임 환경을 만들어요.

만드는 렌더링 과정을 거쳐 실감나는 입체물 표현이 가능하게 해 주는 프로그램이에요.

VRML^{Virtual Reality Modeling Language}은 인터넷 웹상에서 가상현실을 표현할 수 있도록 만든 컴퓨터 언어에요. 예를 들면 VRML^{Virtual Reality Modeling Language}을 이용한 가상현실 백화점, 가상현실 쇼핑몰 등을 만들어 고객이 직접 매장에 오지 않아도 인터넷을 통해 상품과 내부를 구경할 수 있도록 만들 수도 있지요.

VRML이 사용되는 이미지 예.

이런 프로그램을 이용해 인터넷상에 가상현실을 만들고 사용자 간에 공유가 이루어지는 것도 가상현실 메타버스 플랫폼이랍니다.

가상현실 메타버스는 아주 기대되고 있는 플랫폼으로 아주 오래전부터 기술적인 발전이 이루어져 왔어요.

최초의 VR 장비는 1968년에 유타 대학의 이반 서덜랜드^{Ivan Edward Sutherland}가 만든 헤드 마운티드 디스플레이^{Head Mounted Display: HMD}(머리 부분 탑재형 디스플레이)에요.

이 장비 시스템은 머리 부분에
탑재하는 것이었지만 너무 무거워
서 천장에 고정하여 사용했어요.

이후 가상현실 기술은 다양한 분
야와 연결되어 꾸준히 발전해 오고
있어요. 그중에서도 우리가 가장
많이 접할 수 있는 가상현실은 영
화와 에니메이션 혹은 게임이지요.

다양한 형태의 VR 사용 이미지.

가상현실의 종류는 몰입형 가상
현실, 원거리 로보틱스, 데스크톱 가상현실, 삼인칭 가상현실로 나눌 수가 있
어요.

몰입형 가상현실은 말 그대로 실
제와 같은 생생한 현실감을 주어
가상현실에 몰입감을 갖도록 만든
시스템이에요. 3D 게임과 같은 것
을 예로 들 수 있으며 몰입형 가상
현실 안에서 구현되는 가상현실은
HMD나 데이터 글러브$^{data glove}$, 데
이터 슈트$^{data suit}$, 스페이스 볼 등
다양한 특수 장비를 통해 직접 보
고 만지고 느끼며 조작과 소통이

데이터 글러브와 데이터 슈트.

가능하도록 설계되어 있어 실제 가상현실 속에 있는 듯한 현장감을 생생히 느낄 수 있어요.

또한 우리가 현실 세계에서 볼 수 없거나 존재하지 않은 상상의 세계를 구현하여 더욱 흥미롭고 재미있는 가상공간을 만들어내지요.

원거리 로보틱스$^{tele-robotics}$ 시스템은 몰입형 가상현실과 로봇이 결합된 형태의 가상현실 시스템이에요.

원거리 로보틱스 시스템이라고 하면 화성탐사로봇을 떠올리면 이해하기 쉬울 거예요.

예를 들면 서울에 있는 한 연구소에서 강원도 어느 동굴을 탐사하기 위해서 로봇을 보낸다고 가정해 보아요.

카메라를 부착한 로봇은 동굴 안으로 들어가면서 동굴 안의 환경을 서울에 있는 연구소의 가상현실 시스템으로 전송해요. 연구소에 있는 연구원은 로봇과 연결된 가상현실 시스템을 통해 직접 가지 않고도 마치 생생한 동굴 속을 직접 탐사하는 효과를 얻게 되지요.

특수장비를 통해 로봇에게 명령을 내리고 로봇은 서울에 있는 연구소의 명령에 따라 움직이며 탐색과 조사를 하게 됩니다. 연구원은 서울에 있지만 가상 현실 장비를 이용해 로봇이 있는 강원도로 공간이동을 한 것과 같은 효과를 얻을 수 있지요.

원거리 로보틱스는 로봇과 가상현실이더 발전해 갈수록 그 가치는 높아질 것으로 예상되는 분야에요.

데스크톱 가상현실은 데스크톱 컴퓨터 모니터에 3D 입체안경과 3D 마우스, 조이스틱을 연결하여 만들어내는 가상현실이에요. 비교적 간단하고 쉬운 가상현실을 구현할 수 있다고 해요

삼인칭 가상현실은 오락용으로 많이 쓰이는 가상현실로, 컴퓨터가 만들어 놓은 가상현실에 비디오카메라로 촬영된 사용자의 모습을 나타나게 하여 사용자가 가상공간에 존재하는 것과 같은 효과를 주는 시스템이에요.

가상현실로 현실 같은 기분을 느낄 수 있는 축구게임도 가능해요.

어떤 일을 할까요?

가상현실 전문가는 특정 컴퓨터 프로그램을 이용하여 현실처럼 느껴지는 가상의 시·공간을 만들고 다양한 응용 분야에 활용하는 일을 하는 전문가를 말해요.

가상현실 전문가의 주된 일 중 하나는 컴퓨터 그래픽과 프로그래밍 언어에 대한 지식을 바탕으로 사용자에게 알맞은 가상현실을 만들기 위해 가상현실 환경을 기획하고 시스템을 프로그래밍하는 일이에요.

가상현실은 수많은 기술이 융합되어 만들어지는 것으로, 매우 복잡하고 세밀한 작업이에요. 그리고 혼자서 하는 작업이 아니기 때문에 많은 분야의 사람들과 협의하고 의견조율도 해야 해요.

가상현실로 미리 집 구조를 살필 수도 있어요.

전문가가 되려면 이렇게 준비해 보세요

가상현실 전문가가 되기 위해서 공부해야 할 전공 분야로는 응용소프트웨어공학과, 정보통신공학과, 컴퓨터공학과, 컴퓨터 그래픽과, 컴퓨터디자인학과 등이 있어요.

가상현실에 관심이 많다면 어떤 분야를 가상현실에 응용해 보면 좋을지 상상해 보고 관심을 놓지 않았으면 좋겠어요.

기술적인 부분은 대학이나 전문 학교 혹은 사립 전문기관을 통해 배울 수 있지만 응용력과 창의력은 하루 아침에 생기는 것이 아니기 때문이에요. 평소에도 끊임없이 관심을 가지고 관련된 책을 읽는 것도 중요한 기초 쌓기예요.

간단한 가상현실 체험 키트나 가상현실 앱, VR 체험장 등을 통해 경험을 쌓아 보는 것도 좋은 기반이 될 거에요.

가상현실 전문가는 컴퓨터 프로그래밍 기술을 익히기 위한 공부만큼이나 인문, 사회, 경제 등 다양한 주제에 관한 독서도 필요하답니다.

가상현실은 현실을 반영하는 것도 있지만 현실에 존재하지 않은 상상의 세계를 창조해야 하는 일이니만큼 과학, 미술, 음악, 역사, 사회 등 다양한 분야에 대한 바탕 지식은 큰 자산이 될 거예요.

가상현실은 이제 게임 속의 상상의 세계뿐만이 아닌 현실 세계에 입혀진 증강현실(AR)과 가상현실(VR)의 몰입도와 증강현실(AR)의 현장감이 합쳐진 혼합현실$^{Mixed Reality, MR}$까지 영향을 미치며 활용도가 더욱 넓어지고 있어요.

미래에는 가상현실이 게임뿐만 이 아니라 공연, 교육, 문화 콘텐츠, 의료, 쇼핑, 패션, 테마파크 등 다양한 분야와 융합되면서 더욱 완벽한 가상현실 메타버스로 진화하게 될 거예요.

VR을 이용해 가상현실에서 옷을 쇼핑하는 세상이 올 거예요.

AI 전문가

AI는 영어 단어 Artificial Intelligence 의 앞 글자만 모아 부르는 것으로, 사람과 같은 지식을 습득하는 능력, 판단력 심지 어는 감성의 영역까지 지닌 컴퓨터 프로 그램이라고 할 수 있어요.

아직은 인간의 감성까지 닮은 완전한 AI을 만드는 건 어렵지만 사람들은 오랜

AI 브레인.

세월 동안 인간을 닮고 인간의 지능을 대신할 인공지능에 대한 꿈을 이루려 노력해 왔어요. 인간처럼 생각하고 말하고 판단하는 지능이 있는 로봇! 생각 만 해도 신기하지 않나요?

AI라는 용어는 1956년 미국의 존 매카시가 다트머스의 한 학회에서 처음으로 사용했어요. 그리고 1960~1970대에 인공지능 연구가 시작되었어요.

하지만 이 시기의 인공지능은 인간이 설정해 놓은 프로그램대로 계산하는 것에 불과했답니다. 인공지능이라기보다 슈퍼계산기에 더 가깝다고 해야 할까요. 그래서인지 1970년대 이후에 인공지능에 대한 관심과 연구는 시들해져 버리고 말아요. 왜냐하면 간단한 문제해결조차도 힘들 정도로 컴퓨터의 메모리와 처리속도가 따라주지 못했기 때문이래요.

다시 인공지능의 연구가 관심을 받게 된 것은 1980년대였어요. 이 시기에 등장하게 된 인공지능 기술이 바로 '전문가 시스템'이에요.

전문가 시스템은 혈액진단이나 광물 탐색 등 특정 분야의 전문가들에게 필요한 전문영역의 데이터베이스를 구축하여 제공하는 방식이었어요.

하지만 이 방법 또한 오래 가진 못했어요. 한 분야의 전문적인 데이터베이스를 만들려면 어마어마한 양의 데이터를 일정한 규칙에 따라 인공지능에 입력해 줘야 하거든요.

그런데 이런 일은 인간이 하기에는 불가능했어요. 또 엄청난 양의 데이터가 서로 조금만 차이가 나도 인공지능은 정확한 결론을 내지 못했답니다.

예를 들어 인공지능에게 나무를 알려 주기 위해서는 수천 종 이상의 나무에 대한 정보를 아주 미세한 부분에 이르기까지 하나하나 사람의 손으로 입력해줘야 했어요. 그런데 소나무와 전나무에 대한 작은 정보 하나만 잘못 입력해줘도 데이터베이스는 구분할 수 없었답니다. 그래서 1980년대가 지난 이후에도 인공지능의 연구는 크게 발전하지 못하고 있었어요.

그러던 중 2012년 ILSVRC^Imagenet Large Scale Visual Recognition Challenge 글로벌 이미지 인식 경진대회에서 엄청난 일이 벌어지게 돼요. 토론토 대학교의 슈퍼비전 팀이 경진대회 역사상 최고의 정답률인 84%로 놀라운 승리를 거두었거든요. ILSVRC가 생긴 이래 74%의 벽을 넘지 못하던 정답률을 순식간에 자그마치 10%나 올려놓는 엄청난 사건이었어요.

이 사건은 인공지능의 역사를 뒤바꾸어 놓았답니다. 바로 '딥러닝'이라는 기술이 처음으로 세상에 알려지게 된 날이에요.

여러분은 '딥러닝'이라는 기술을 들어 본 적 있나요? 딥러닝 기술은 사람이 일일이 학습을 시켜야 했던 기존의 인공지능과는 달리 인공지능 스스로 학습이 가능하게 만든 기술이에요.

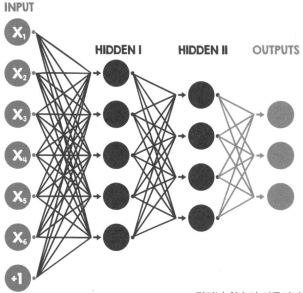

딥러닝 학습이 이루어지는 과정을 이미지화 했어요.

이것은 정말 엄청난 기술의 발전이었답니다. 진짜 컴퓨터 스스로 알아채고 판단할 수 있게 만들어 주는 기술이지요.

딥러닝 기술은 전문가시스템과는 달리, 인공지능에게 수백, 수천 장의 나무 사진을 보여 주고 나무의 특징을 인공지능이 스스로 학습하도록 만들었어요. 그래서 나무와 나무가 아닌 것을 사람이 구분해 주지 않아도 스스로 배운 나무를 통해 나무 아닌 것을 찾아내게 되는 것이지요.

정말 놀랍지요! 마치 어린아이가 사자를 반복해서 보면서 사자의 특징을 인식하고 호랑이를 사자라고 하지 않는 것과 마찬가지 원리인 셈이지요.

지금까지의 인공지능 기술들은 인간이 정해 주지 않은 데이터는 스스로 판단할 수 없었다는 점에서 엄격하게 인공지능이라고 말하기 어려웠지만 딥러닝 기술은 인공지능 스스로가 판단하고 학습한다는 점에서 완전한 인공지능에 한 발짝 다가간 것이지요.

이 획기적인 기술이 가능했던 것도 90년대 이후부터 놀라울 만큼 빨라진 컴퓨터의 성능과 통신 기술

딥러닝은 인공지능이 스스로 학습할 수 있는 길을 열었어요.

의 비약적인 발전이 있었기에 가능했던 일이랍니다.

이렇게 오랜 세월 차근차근 쌓아온 인공지능 기술은 미래 메타버스 시대에 핵심적인 역할을 하게 될 거에요.

디지털 정보가 중심이 되는 메타버스 세상에서 사용자에게 알맞은 정보와

콘텐츠를 분석하고 제공하는 일은 인공지능이 없이는 불가능해질 거에요. 특히 개인의 정보가 중심이 되는 라이프로깅 메타버스와 현실과 디지털 세계가 하나로 합쳐진 거울 세계 메타버스 플랫폼 안에서 인공지능의 역할은 더 중요하겠지요.

현재도 우리는 아침에 일어나 '시리'에게 오늘의 날씨를 물어보고 좋아하는 동영상을 추천받고 있어요.

이런 면에서 메타버스 시대 인공지능 전문가의 역할이 얼마나 중요해지고 있을지 상상할 수 있을 거예요.

어떤 일을 할까요?

인공지능 전문가란, 사람과 같이 스스로 생각하고 판단하는 지적 능력을 가진 컴퓨터 프로그램을 설계하고 시스템을 개발하는 전문가를 말해요.

인공지능 전문가들이 하는 일은 매우 많지만 가장 핵심적인 일은 소프트웨어를 개발하는 일이에요.

소프트웨어의 종류로는 인공지능을 학습시키는 기술적인 소프트웨어를 비롯한 영상 인식, 음성 인식, 번역, 자연어(컴퓨터 언어가 아닌 사람이 하는 말)를 이해하고 판단하는 소프트웨어 등이 있어요.

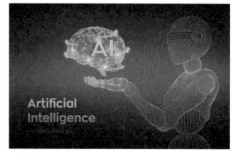
인공지능.

그래서 인공지능 전문가가 진출할 수 있는 분야는 매우 많아요. 국가기관이나 기업체의 인공지능 관련 연구소나 로봇 개발, 영상과 음성 인식, 빅데이터 관련 기업에도 진출할 수 있어요.

메타버스 시대가 가능할 수 있는 이유 역시 대량의 정보를 분석하고 처리하여 인간의 삶을 편리하게 해 줄 수 있는 인공지능의 역할 때문이지요. SNS와 현실 세계의 확장판인 라이프로깅과 거울 세계 메타버스 플랫폼의 기초를 놓는 일은 인공지능의 정보 분석 없이는 불가능하답니다. 따라서 메타버스 시대에 인공지능은 없어서는 안 될 우리의 친구랍니다.

SNS 등으로 상상하기 힘들 정도로 쏟아지는 정보를 분석하는 데 인공지능의 정보 분석 능력은 매우 중요해요.

전문가가 되려면 이렇게 준비해 보세요

로봇과 인공지능의 차이점은 로봇을 우리의 몸이라고 한다면 인공지능은 우리의 뇌라고 할 수 있어요.

로봇의 몸체를 아무리 잘 만들어도 로봇을 작동하게 하는 인공지능이 없다면 로봇을 움직일 수가 없답니다.

로봇과 같이 몸체에 해당하는 것을 하드웨어라 하고 인공지능과 같이 하드웨어를 작동하게 하는 것을 소프트웨어라고 해요.

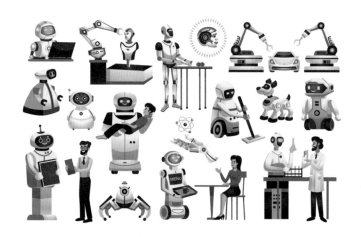

앞으로의 시대는 다양한 로봇들이 의료, 산업, 공장, 가정 등 전 분야에 걸쳐 우리의 일을 도울 거예요.

그렇기 때문에 인공지능 전문가는 컴퓨터 소프트웨어를 반드시 다룰 줄 알아야 해요. 컴퓨터공학이나 정보통신공학, 전자공학, 소프트웨어학, 정보공학, 정보시스템, 데이터 프로세싱 등 관련된 전공을 하면 전문지식 습득으로 관련 업종에서 일할 준비가 더 쉬워요.

또한 컴퓨터 언어를 알아야 하기 때문에 코딩이나 코딩의 기본이 되는 수학에 관심을 가지고 열심히 공부하는 것도 필요해요.

미래 사회에서 인공지능의 역할은 갈수록 중요해지고 있어요.

　인공지능 분야는 사람처럼 생각할 수 있게 해야 하는 만큼 아주 전문적이고 세밀한 분야이며 무엇보다도 끝없는 인내심이 요구되는 분야이기도 해요.

　사람이 생각하는 방식을 이용해 인공지능을 설계하는 일이다 보니 매우 논리적인 생각과 창의력도 밑바탕이 되어야 해요.

　미래에 정말 인간처럼 생각하고 감정을 가진 인공지능이 만들어진다면 인공 지능에게 어떤 생각을 심어줘야 할 것인지를 고민하는 것도 인공지능 전문가로서 매우 중요한 일입니다.

　인공지능 기술에 반대하는 사람들은 인공지능이 인류에게 해가 되지 않을까 하고 불안감을 가지고 있어요.

　이와 같은 부정적인 결과 대신 인간을 도우며 인류의 행복을 위해 존재하는 인공지능을 만들기 위한 노력은 인공지능 전문가의 가장 기본적인 마음 자세겠지요.

그래서 심리학이나 철학을 공부해두면 좋아요. 지금은 기술적으로 부족하지만 앞으로 사람처럼 생각하고 감성까지 가진 인공지능을 만들려면 인간의 심리와 마음을 잘 이해할 수 있어야 하거든요. 또한 윤리적 충돌과 도덕, 인간애를 담은 철학의 문제까지도 고민할 줄 아는 AI 전문가가 되기를 바랍니다.

앞으로의 전망

우리나라는 미국과 일본, 독일, 홍콩 등에 비해 인공지능 연구가 다소 늦게 시작되었지만 그 발전 속도는 매우 빠르며 전망도 밝아요. 미래창조과학부는 '인공지능분야 SW기초연구센터'를 설립하는 방안을 마련하고 2015년부터 전문 연구인력 양성계획을 수립했어요. 또한 세계 최고의 인공지능기술을 선도하겠다는 목표 아래 2013년부터 한국전자 통신연구원에서 개발 중인 인공지능 엑소 브레인 프로젝트를 지원하고 있어요. 이를 통해 왓슨이나 알파고처럼 우리나라를 대표하는 인공지능이 될 수 있도록 계획을 수립하고 차근차근 기술을 쌓아 올리고 있지요.

많은 과학자들과 연구자들, 미래학자들은 인공지능이 수많은 영역의 사물들과 연결되면서 사물인터넷, 자율주행차, 로봇, 게임. 의료, 보안 등 그 쓰임의 영역이 우리 생활 전반으로 확장될 거라고 예측하고 있어요.

이러한 기술의 발전이 메타버스 시대를 여는 핵심 바탕이 되는 것이죠. 그래서 메타버스 시대의 인공지능 전문가들의 영역은 더 무궁무진하게 확장될 것으로 확신해요.

사물인터넷 개발자

사물인터넷이란 말은 'Internet of Things'의 약어로 IoT라고 불러요.

사물인터넷은 통신기능과 센서가 탑재된 사물, 공간, 사람이 인터넷으로 연결되어 수집된 정보가 공유되고 활용되는 기술을 말해요.

인터넷을 통해 수집된 사물과 공간의 정보는 여러 가지 목적에 맞게 사용자에게 제공되고 사용자는 그 정보를 바탕으로 원격제어도 할

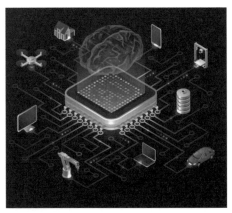

인터넷, 드론, 자동차, 가전제품 등 IoT가 응용되는 분야들은 매우 많아요.

수 있어 우리의 삶은 한층 더 편리해질 수 있지요. 사물인터넷은 확장될 수 있는 분야가 너무나 많아 활용이 예상되는 범위가 굉장히 넓어 전망이 밝아요.

그중에서도 가장 빠르게 적용되고 있으며 대중적으로 알려진 사물인터넷의 예는 가전제품이에요. 오늘의 날씨를 알려 주고 부족한 식재료를 온라인 구매해 주는 냉장고, 집 안팎 어디서든 원격제어될 수 있는 에어컨, 집안의 온도, 습도를 스스로 조절 가능한 공기 청정기 등은 이미 출시되고 있는 제품이기도 해요.

이 밖에도 가구, 비데, 농장, 자동차, 몸에 착용하는 스마트기기인 웨어러블, 헬스케어, 보안 등 다양한 분야에 걸쳐 사물인터넷의 활용 범위는 계속 많아지고 있어요.

IoT를 적용한 스마트 농업.

웨어러블 의료용 스마트워치도 IoT(사물인터넷)이 적용되요.

특히 라이프로깅 메타버스를 만드는데 사물인터넷의 필요성은 갈수록 중요해지는 중이에요.

개인의 생활 정보가 디지털화되어 인터넷으로 공유되는 라이프로깅 메타버스는 개인의 생활 패턴, 건강, 의료, 취미, 성향 등 다양한 부분에 대한 기록을 가능하게 해 줍니다.

스마트워치는 라이프로깅의 대표적인 예에요.

가장 쉬운 예로 스마트워치를 들 수 있어요. 스마트워치는 심박수, 스트레스지수, 산소포화도 등을 체크 해 줍니다. 정말 신기하지요? 이뿐만 아니라, 운동을 할 때 걸음 수, 달린 기록, 나의 위치 기록, 수면 패턴, 개인 일정도 저장됩니다.

이러한 개인 정보는 특정 서버에 저장되어 필요할 때 다양한 분야에 활용될 수 있어요.

이것이 바로 라이프로깅 메타버스의 기초가 되는 서비스로, 사물인터넷의 발전은 라이프로깅 메타버스 플랫폼의 기초가 되어 줄, 없어서는 안 될 핵심 기술이에요.

어떤 일을 할까요?

사물인터넷 개발자는 센서와 통신 기능을 탑재한 사물과 사물이 인터넷을 통해 서로 연결되어 정보를 주고받는 기술과 환경을 개발하는 일을 하는 전문가를 말해요.

사물인터넷 개발자가 하는 일을 살펴볼까요?

첫째, 센서를 개발하는 일을 해요. 사물 간의 연결을 위해서는 각 사물의 정보가 중요하기 때문에 정보를 감지하는 센서는 매우 중요한 장치에요.

두 번째는 이러한 정보를 스마트 기기로 전송해 기록할 수 있는 애플리케이션 개발을 해요.

세 번째는 유·무선 와이파이 NFC(근거리통신망)을 이용하여 사물과 사물 사이 또는 사물과 인간 사이 소통을 위해 만들어진 물리적 매개체나 컴퓨터 간에 정보를 주고받을 때의 통신방법에 대한 규칙과 약속에 해당하는 프로토콜을 개발하는 일도 해요.

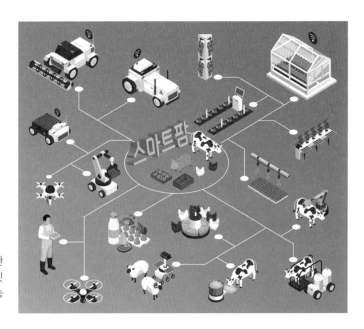

앞으로는 농업, 축산업도 IoT를 이용해 짓게 되는 스마트팜 농장이 될 거예요.

프로토콜을 쉽게 이야기하자면, 한국 사람과 미국 사람이 서로 소통하기 위해서는 통역이 필요하듯, 사물과 사물, 사물과 인간 사이에서 통역을 해

주는 것이 프로토콜이나 물리적 매개체에요.

네 번째는 시뮬레이션을 통해서 시스템의 오류를 발견하여 수정하는 일을 해요. 아직은 개발단계에 있으나 사물인터넷이 발전하게 되면 인간의 개입 없이도 사물 간의 데이터 전송이 이루어지게 될 거에요.

하지만 모든 것이 긍정적인 것은 아니에요. 그렇게 사물과 사물이 연결되다 보면 개인의 사생활 침해가 발생할 수도 있고 정보가 유

현실에서 이용되고 있는 IoT.

미래사회는 인공지능과 IoT 그리고 메타버스의 세계가 될 것이라고 해요.

출되어 해킹의 위험에 노출될 수도 있어요.

사물인터넷 개발자는 이러한 위험에 대비하고 보안적인 문제에까지 신경을 쓰는 일도 해야 해요.

전문가가 되려면 이렇게 준비해 보세요

사물인터넷을 연구하고 개발하는 일은 정보통신과 관련된 일이라고 할 수 있어요. 그래서 전문적으로 통신공학, 컴퓨터공학, 전자공학, 제어계측공학, 기계공학, 소프트웨어공학, 프로그래밍 언어 등을 공부해야 해요.

메타버스 시대에는 사물인터넷의 발전 가능성이 무궁무진하고 다양한 분야와 접목될 수 있기 때문에 사물인터넷 개발자는 사물인터넷을 접목하여 만들어 낼 수 있는 수많은 분야에 진출 가능해요. 그리고 분야가 매우 넓기 때문에 그에 맞는 개발을 할 수 있도록 창의성과 아이디어가 필요해요.

이러한 창의성과 아이디어는 금방 생겨나는 것은 아니에요. 사물인터넷이 어떤 분야에 활용될 수 있는지 활용 방안을 연구하고 실제적인 기술을 개발 적용하기 위해서는 우리가 생활하고 있는 환경이나 주변에 대해 관찰하고 생각하는 습관이 필요해요.

또한 관련 도서와 체험 기회를 찾아 직접 체험해 보는 것도 미래를 준비하는 데 도움이 많이 될 거에요.

메타버스 시대는 사물인터넷의 시대입니다. 현실과 디지털 공간이 인터넷으로 초연결되는 사회이기 때문이지요.

현실과 가상이 연결되기 위해서는 사물인터넷은 필수입니다. 앞서 살펴본 AR 글래스나 홀로렌즈, 오큘러스 퀘스트와 같은 가상현실이나 증강현실, 혼합현실을 가능하게 하는 모든 장비와 기술들이 초연결 메타버스 세계를 만드는 사물인터넷의 종류라 할 수 있어요.

그래서 사물인터넷 분야의 전망은 매우 밝아요. 미국과 유럽 선진국에서는 이미 사물인터넷 시장의 폭발적인 성장을 전망하고 있어요.

앞으로의 전망

IT 시장조사 전문기관인 가트너^{Gartner}는 IoT 사물 및 기기가 2020년 2천억 개에서 2040년 1조 개 이상으로 늘어날 거라고 예측했어요. 국가들은 사물인터넷 사업을 보급 육성하려는 다양한 계획을 세우고 있고요. 미국의 '그리드 2030'이나 유럽의 'IoT 액션 플랜' 그리고 일본의 'I-Japan 전략 2015'등이 바로 그러한 계획 중 하나입니다.

세계의 이러한 추세에 발맞춰 우리나라에서도 2009년 '사물지능통신기반 구축 기본계획'을 발표하고 2011년 미래창조과학부에서는 '7대 스마트 신산업 육성 전략'에 사물인터넷을 포함시켰어요.

2014년에는 과학기술 정보통신부에서 사물인터넷 시장을 2030년까지 30조까지 키우겠다는 '사물인터넷 기본 계획'을 발표했어요.

사물인터넷은 가전제품, 지능형 빌딩, 헬스 케어, 스마트팜, 자율주행차 등 다양한 분야에서 급속도로 발전하고 있는 것만으로 그 가능성이 무궁무진해요. 그런데 여기에 더해 모든 세상이 하나로 연결되는 사물인터넷 메타버스 시대가 오고 있어요. 그 세계의 주역이 바로 여러분입니다. 여러분이 만든 그 세계에서 과연 어떤 세상이 펼쳐질지 우리 함께 기대해 볼까요?

빅데이터 전문가

빅데이터란 디지털 환경에서 생성되는 엄청나게 방대한 양의 데이터를 효율적으로 수집 분석하는 거대한 시스템을 말해요.

옛날에도 데이터를 저장하는 데이터베이스는 있었어요. 그런데 빅데이터라는 새로운 이름으로 불리는 이유는 무엇일까요?

그것은 빅데이터가 기존의 데이터베이스와는 다른 특징이 있기 때문이에요.

그 특징 중에 첫 번째는 데이터

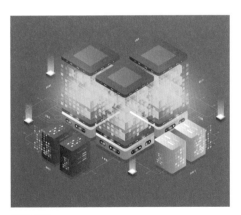

빅데이터.

의 양이에요. 데이터의 용량을 살펴보면 가장 기본이 되는 비트에서부터 바이트, 킬로바이트(KB), 메가바이트(MB), 기가바이트(GB), 테라바이트(TB), 페타바이트(PB), 엑사바이트(EB) 순서로 구성되어 있어요.

빅데이터라고 하면 페타바이트(PB) 이상의 용량에 해당하는 데이터를 말해요. 컴퓨터는 사람의 말을 이해할 수 없어서 0과 1로 구성된 이진법 숫자의 형태로 이해하고 데이터를 저장해요.

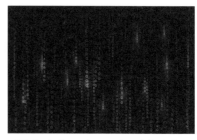

컴퓨터 언어는 0과 1로 이루어져 있어요.

이처럼 컴퓨터가 연산을 통해 쉽게 이해할 수 있도록 정리되어 있는 데이터를 '정형 데이터'라고 하며 컴퓨터가 이해할 수 없는 형태의 데이터를 '비정형 데이터'라고 해요.

비정형 데이터는 컴퓨터가 이해 불가능한 형태의 데이터로 '텍스트 마이닝', '웹 마이닝' '오피니언 마이닝'이라는 기술을 통해 컴퓨터가 이해 가능한 정형 데이터로 바꾸는 작업이 필요해요. 빅데이터는 이러한 정형 데이터와 비정형 데이터를 모두 포함하고 있어요. 정형 데이터의 종류의 한 예로 우리가 흔히 볼 수 있는 엑셀 파일을 들 수 있어요.

엑셀은 표 계산을 하는 프로그램으로 컴퓨터가 이해할 수 있는 연산 가능한 수식 형태로 데이터가 정리되어 있지요.

비정형 데이터는 문서, 동영상, 사진, 웹 검색정보, SNS, 유튜브, 자연어(사람 언어) 등 엄청나게 많아요. 요즘은 인터넷과 스마트폰의 발달로 비정형 데이터의 수가 월등하게 많아지고 있어요.

비정형 데이터의 많은 예들.

비정형 데이터에 속하는 것들은 정말 많아요 이와 같은 비정형 데이터를 컴퓨터가 이해할 수 있도록 바꾸는 것이 빅데이터 전문가의 일이에요.

사물인터넷과 증강현실 등이 실현되는 메타버스 시대로 접어들수록 스마트 기기와 수많은 사물이 연결되기 시작하면서 사물 간에 수집되는 비정형 데이터의 수 또한 폭발적으로 늘고 있어요.

그래서 지금의 빅데이터는 넘쳐나는 비정형 데이터를 어떻게 수집, 분석할 것인가에 대한 연구가 대부분이라고 할 정도예요.

세 번째로 빅데이터는 엄청난 양의 데이터를 순식간에 처리할 수 있는 빠른 처리속도를 가져야 해요. 아무리 양질의 데이터를 분석해 낼 수 있어도 시간이 오래 걸리면 수집, 분석된 데이터가 빠르게 변화하는 사회에 따라가지 못하고 적절하게 쓰일 수 없기 때문이죠. 또 5G 초고속 인터넷 시대를 맞이하면서 넘쳐나는 정보량만큼 이동하는 정보의 속도도 빨라지고 있어요. 그렇기 때문에 정보의 분석 속도는 더 중요해지는 추세입니다.

마지막으로 빅데이터는 정보의 가치성이 있어야 해요. 정보의 홍수시대에 살고 있는 우리에게 의미 없이 던져지는 정보들은 오히려 피로감만 더해 줘요. 수많은 데이터 속에서 가치 있는 정보를 분석해 내는 것 또한 빅데이터의 특성 중 하나예요.

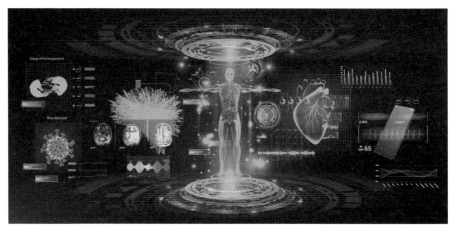

의료 분야에서도 빅데이터는 매우 중요해요.

빅데이터가 활용되는 분야는 너무나 많아서 헤아릴 수조차 없을 정도에요. 앞으로 사물인터넷과 인공지능, 웨어러블 기기의 발전이 빨라질수록 빅데이터의 활용 분야 또한 엄청나게 확대되어 갈 것으로 기대하고 있어요.

웨어러블 기기.

그중에도 메타버스 플랫폼을 만드는데 빅데이터는 아주 중요한 가치 정보라고 할 수 있어요. 특히 거울 세계 메타버스 플랫폼에서 빅데이터의 활용도는 특히 더 높다고 해요.

대표적인 거울 세계 메타버스 플랫폼인 네이버 지도나 구글 지도를 보면 빅데이터 없이는 만들어질 수 없다고 해도 좋을 만큼 수많은 정보를 담고 있어요.

한 가지 예를 들어볼까요? 2013년 개통한 서울시 심야버스의 노선도는 빅데이터 분석에 의해서 만들어진 것으로, 빅데이터 활용의 모범적인 사례로 꼽힌답니다.

이 노선도는 서울 안의 심야시간대 통화량을 빅데이터로 수집 분석하여 서울 각 지역의 유동인구가 어디에 가장 많이 모여 있는지 파악하고 그 결과를 기준으로 버스의 배차 간격을 조절했다고 해요.

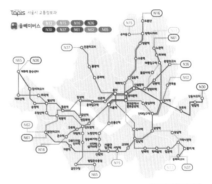

서울 심야버스 노선도.

그렇게 만들어진 서울시 심야버스 노선도는 서울시민에게 편리함을 가져다주었고 하루 평균 1000명 이상의 승객이 이용하고 있다고 해요. 서울시 심야버스 노선도의 성공은 빅데이터가 사람들에게 얼마나 긍정적으로 작용할 수 있는지 그 가능성을 보여 준 사례랍니다.

만약 거울 세계 플랫폼에 이 버스 노선도를 적용한다면 어떨까요? 심야버스를 타야 하는 사람들에게 네이버지도 서비스는 정류장뿐만 아니라 심야버스를 탈 수 있는 정류장에 대한 정보가 표시되어 편리하게 이용할 수 있게 될 거에요. 또한 심야시간에 활동하는 사람들의 정보를 모은 빅데이터는 광고회사나 택시회사에게도 도움을 줄 수 있어요. 어디에 사람이 가장 많이 모이는지를 알면 광고판을 설치하거나 택시이용객이 많은 곳을 쉽게 알 수 있고 또 거울 세계 메타버스 플랫폼 안에서 유동인구의 모습을 마치 실제 현실처럼 볼 수 있는 환경까지 만들 수 있거든요.

우리들이 쓰는 모든 인터넷 기반 기기들의 자료가 모인 빅데이터는 새로운 직업과 가치를 만들어내서 앞으로의 사회에서는 정말 중요한 자산이 될 것으로 보고 있어요.

이 밖에도 미국 오바마 대통령 선거, FBI의 범죄 프로파일링, 미국의 기상청, 나사(NASA, 미항공우주국) 등 빅데이터가 활용되어 긍정적인 평가를 받은 사례는 굉장히 많아요.

이처럼 빅데이터는 어떤 분야에서 활용할 수 있는 가치를 뽑아낼 수 있기 때문에 지금까지의 시대가 석유와 같은 유가 가치를 높이 보았다면 앞으로의 시대는 빅데이터가 황금보다 귀한 보물이 될 거라고 학자들은 전망하고 있어요. 메타버스 시대나 4차 산업시대를 정보화 산업 시대라고 하는 이유는 정보가 곧 돈이자 생활의 전부가 되는 세상이기 때문이죠.

그런데 빅데이터 수집에 있어 가장 큰 문제가 되는 것이 있어요. 바로 보안이에요. 누군가가 빅데이터 서버를 해킹하게 된다면 개인적인 영역뿐만 아니라 사회적인 네트워크 전체가 위험에 노출될 수 있거든요.

만약 스마트폰과 SNS, 메일, 즐겨 보는 동영상, 우리 집안의 냉장고, 세탁기, 청소기, 자동차의 네비게이션 등에서 나온 빅데이터들을 관리하는 메타버스 플랫폼이 해킹을 당한다면 개인의 삶이 누군가에게 전부 노출되어 악용될 수도 있답니다.

빅데이터의 보안이 뚫리면 많은 문제가 생길 수 있어요.

빅데이터 기술은 이제 시작이에요. 아침에 일어나 일을 하고 밥을 먹고 친구를 만나고 잠을 자고 하는 모든 우리의 삶이 데이터의 한 조각으로 빅데이터 안에서 수집되고 분석됩니다.

이것을 기초로 라이프로깅, 증강현실, 거울 세계 메타버스가 만들어지게 되고 또 하나의 지구가 탄생하게 될 것입니다.

어떤 일을 할까요?

빅데이터 전문가는 국가기관이나 기업을 비롯한 개인이 수집한 방대한 양의 디지털 정보를 분석하여 사용자가 원하는 분야에 적용할 수 있도록 해 주는 분석 전문가를 말해요.

또한 방대한 빅데이터 안에서 사용자가 원하는 가치를 갖는 데이터를 수집, 분석, 예측하여 활용할 수 있도록 돕는 일을 해요.

실제 있었던 이야기를 들으면 빅데이터 전문가가 어떤 일을 하는지 이해하기가 좀 더 쉬울 거예요.

미국의 한 마트에서는 고객의 상품 구입 패턴을 분석하기 위해서 매출 상품 간의 연관성을 연구하기 시작했어요.

그중에서 기저귀와 연관되는 품목을 확인하게 되는데 아주 재미있는 사실을 발견했어요. 기저귀와 연관된 수백 개의 품목에서 뜬금없이 '맥주'가 보였거든요.

기저귀와 맥주! 이 두 품목은 대체 어떤 연관성이 있을까요? 여러분은 기저귀와 맥주의 연결고리가

아빠가 아기 기저귀를 사러왔다가 맥주도 같이 구입하는 것을 빅데이터 전문가들이 밝혀냈어요.

무엇인지 떠오르나요? 아무리 생각해도 모르겠죠? 그런데 이 두 품목의 연관성을 알아낸 사람들이 있어요. 바로 빅데이터 전문가들이었어요.

빅데이터 전문가들은 마트의 매출리스트 데이터와 결제시스템을 분석하여 기저귀를 사러 마트에 온 아빠들이 기저귀를 사면서 맥주도 사간다는 것을 발견했어요. 그래서 마트의 상품진열에 빅데이터의 결과를 제안하게 되고 마트에서는 이 빅데이터 분석결과에 따라 기저귀 판매대 옆에 맥주 코너를 배치하게 되었어요. 결과는 어땠을까요? 물론 성공적이었지요. 이 일로 인해서 맥주의 판매량이 급격히 증가했거든요.

이 이야기는 빅데이터 전문가들의 역할이 어떤 것인지를 알려 주는 사례 중 하나예요.

빅데이터 전문가들은 빅데이터 분석을 위한 데이터 마이닝, 자연어 처리, 패턴 인식, 기계어 학습 등 다양한 분석기술을 다루고 비정형 데이터를 분석하기 위한 텍스트 마이닝, 오피니언 마이닝, 사회연결망 분석에 대한 분석기술들을 이해해야 해요.

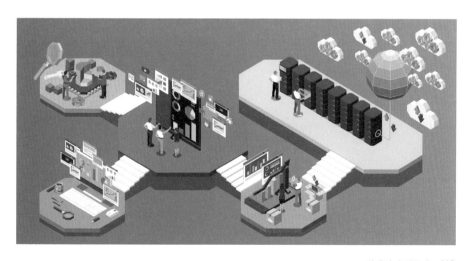

데이터 분석기술을 통해 수집, 분석된 데이터를 시각화하는 작업도 빅데이터 전문가가 하는 일 중 하나예요.

데이터 시각화란, 분석된 데이터의 결과를 사람들이 이해하기 쉽도록 표와 그래픽을 이용해 전달하는 과정을 말해요.

시각화의 대표적인 사례로 '서울 열린데이터광장'이 있어요. 이것은 서울시가 데이터 시각화 솔루션인 DAISY를 이용하여 공공데이터를 시민에게 공개한 사례로서 다양

서울 열린데이터광장 홈페이지. https://data.seoul.go.kr/

한 공공의 데이터를 한눈에 볼 수 있도록 잘 정리해 둔 사이트에요.

빅데이터를 분석하는 기술들은 계속 진화하고 개발되고 있어요. 대부분 빅데이터 전문가는 새로운 기술이 나오면 새로운 기술에 적응하고 습득하는 과정이 필요해요. 그래서 항상 공부하는 자세를 가지는 것도 빅데이터 전문가가 해야 할 중요한 일 중 하나입니다.

수많은 분야에 응용되는 빅데이터를 다루기 위해서는 문화 콘텐츠, 금융, 마케팅, 의료, 보안, 교육 등 다양한 분야의 변화에 대해서 관심을 놓지 않는 것 또한 빅데이터 전문가가 해야 하는 일이에요.

전문가가 되려면 이렇게 준비해 보세요

빅데이터 전문가는 빅데이터 분석기술에 대한 고도의 전문지식을 가진 전문가 중에서도 전문가에요. 빅데이터 전문가에게 유리한 전공으로는 통계학, 컴퓨터공학, 산업공학, 마케팅, 경영학 등이 있어요.

연세대학교, 충북대학교, 울산과학기술대학원, 카이스트 등에는 석·박사 과정도 개설되어 있다고 해요.

빅데이터 전문가는 사람과 사회현상에 대해서 끊임없이 관찰하고 분석하는 일을 좋아해야 한답니다. 따라서 컴퓨터 프로그래밍 공부와 더불어 정치, 경제, 문화, 역사, 심리, 예술 등 다양한 분야의 독서를 하면 큰 도움이 돼요. 독서를 통해 사회 전체를 바라볼 수 있는 분석적인 사고와 통찰력을 기를 수 있기 때문이에요.

대량의 정보 안에서 원하는 정보를 수집하여 구조화하는 작업은 쉽지 않은 일이에요. 또한 인간의 삶 전체를 이해하지 못한다면 아무리 방대한 양의 빅데이터를 분석하고 최첨단 분석기술을 습득하더라도 정확한 판단을 할 수 없답니다.

메타버스 사회는 사물인터

사물인터넷으로 연결되고 인공지능으로 분석되는 빅데이터 기술은 이미 가전제품에 이용되고 있어요.

넷으로 연결되고 인공지능으로 분석된 정보를 바탕으로 살아가는 사회에요. 인간의 모든 삶이 빅데이터로 분석되어 디지털로 이루어진 또 하나의 세상을 열게 되는 것이지요.

앞으로의 전망

메타버스 시대가 시작되면서 빅데이터의 수요는 더 폭발적으로 늘어날 것으로 기대가 되고 있어요. 그로 인해 빅데이터 전문가들의 수요 또한 많아질 거라 전망 중이에요. 그리고 현재도 빅데이터 전문인력은 많이 부족한 상태예요.

한국데이터베이스 진흥원에서는 2016년에 데이터분석 전문가와 데이터준분석 전문가라는 국내 첫 빅데이터 관련 국가공인자격을 만들기도 했어요.

외국 또한 MIT, 스탠포드 대학교, 노스캐롤라이나 주립대학교 등 유수의 대학교에서 데이터 사이언티스트 과정이 개설되어 있으며 유명한 소프트 회사인 미국의 오라클사에서는 OCA, OCP, OCM라는 전문 빅데이터 관련 국제 자격증 과정을 개설해 빅데이터 분야로 진출하고 싶어하는 사람들에게 다양한 기회를 주고 있어요.

빅데이터 전문가로서 역량을 키우고 다양한 분야로 진출하기 위해서는 빅데이터 자격증은 필수입니다.

하지만 자격증보다 더 중요한 것은 빅데이터에 대한 열정과 관심 그리고 세상을 바라보는 통찰력! 항상 배우려는 자세, 인간에 대한 이해가 빅데이터 전문가에게 기본 덕목임을 잊지 말아야 해요.

사람들이 사는 사회의 복잡성과 인간에 대한 이해를 기초로 빅데이터 분석을 한다면 정말 좋은 전문가가 될 수 있을 거예요.

웨어러블 전문가

여러분은 아이언맨이라는 영화를 본 적이 있나요? 아이언맨에는 마크라고 부르는 웨어러블 슈트가 나온답니다. 자비스라는 인공지능이 탑재되어 있는 아이언맨 슈트는 입는 로봇이라고 할 수 있지요.

마크는 평범한 인간인 주인공 토니 스타크를 엄청난 힘을 자랑하는 영웅으로 변신시켜 줘요. 영화에서 주인공은 다양한 마크 시리즈를 바꿔가며 능력을 다르게 활용하기도 해요.

아이언맨 슈트는 인류가 만들고 싶은 웨어러블 기술의 꿈이라고 할 수 있어요. 아직은 개발단계에 있지만 언젠가 인간이 아이언맨 슈트를 완성하는 그날도 반드시 오겠죠?

통신기술이 발전하게 되면서 웨어러블 디바이스(특정기능수행장치)는 다양한 스마트 기기들과 연결될 수 있게 되었어요.

현재 최고 수준의 웨어러블은 우주복이라고 해요. 우주복은 단순히 우주인들의 몸을 보호하기 위해 설계된 것이 아니에요. 그 안에 우주인들의 다양한 신체활동과 건강 정보들을 담고 있으며 열악한 우주 환경에서 성공적인 작업을 할 수 있도록 수많은 웨어러블 기술이 담겨져 있다고 해요.

웨어러블 디바이스의 종류는 크게 액세서리형, 직물·의류일체형, 신체 부착형, 생체 이식형 등이 있어요.

액세서리형 디바이스는 몸에 액세서리처럼 착용하는 형태의 웨어러블 디바이스랍니다. 가장 대표적인 액세서리형 디바이스로는 스마트워치가 있어요. 애플워치나 삼성 갤럭시워치 등이 대표적인 스마트워치 중 하나예요.

손목에 두르는 밴드 타입의 헬스케어 제품이나 구글 글래스와 같

다양한 형태의 웨어러블 기기들.

은 안경 스타일, 블루투스 헤드셋, 장애인과 노령자들의 보행보조 및 산업현장에서 무거운 물건을 손쉽게 들어 올릴 수 있도록 제작된 웨어러블 로봇 등도 있어요.

직물, 의류 일체형은 직물 안에 센서를 부착하여 의류 형태로 만들어 입는 웨어러블이에요. 보통 의류 안에 미세한 센서가 부착되어 있고 스마트폰과 연결되어 조작도 가능해요.

옷감 안에 LED 센서를 부착하여 옷에 글자나 무늬가 나오는 LED 패션, 지퍼를 열면 옷에서 음악이 나오는 입는 mp3 자켓, 정장을 입고도 활동이 편하도록 만들어 주는 스마트 슈트, 사용자의 걸음의 패턴을 분석해 주는 스마트 신발 등 다양한 웨어러블 패션이 있어요.

신체부착형은 몸에 부착하여 사용하는 형태의 웨어러블 디바이스에요. 의료 장비 등에 많이 쓰이며 통증 완화와 근육 치료 등에 이용되는 패치와 심장, 근육 등의 신호 측정에 쓰이는 전자문신이 있어요.

웨어러블 의료용 밴드.

생체 이식형은 몸 안에 칩을 이식하는 형태나 미세한 크기로 제작되어 몸에 부착되는 형태의 웨어러블로 당뇨병 지수를 측정하는 콘텍트렌즈, 체지방이나 혈관 이상을 탐지하거나 미세 암세포를 제거하는 칩 등 다양한 생체이식형 웨어러블 기기를 연구 개발 중이라고 해요. 또한 3D 프린터의 발달로 플라스틱을 이용한 조직, 세포, 뼈, 피부 등을 만들어 장기이식을 위한 연구도 매우 활발하게 진행 중이에요.

의료 분야에서도 스마트 웨어러블 기기들이 활약하고 있어요.

그렇다면 이런 웨어러블 기술은 언제부터 발달해 온 것일까요? 생각보다 웨어러블의 역사는 긴 편이에요.

1960~1970년대 MIT 미디어랩에서 처음 웨어러블 컴퓨터 연구가 시작된 이래 웨어러블 기술은 꾸준히 발전해 오고 있었답니다.

이 시기에는 시계나 신발에 카메라와 계산기를 장착하여 간단하게 쓸 수 있는 단순한 기능의 웨어러블이 개발되었어요.

1980년대에는 입출력 장치가 부착된 형태의 웨어러블 디바이스(특정기능수행장치)가 발명되었어요. 이 디바이스(특정기능수행장치)들은 주로 군용이나 연구용으로 많이 쓰였어요.

1990년대에 접어들면서 웨어러블은 본격적으로 산업에 적용되기 시작했어요. 유·무선 통신망의 발달로 언제 어디서나 컴퓨팅이 가능한 유비쿼터스 시스템이 시작되고 전자기기들이 작고 가벼워지면서 사람들은 어떤 장소에서도 컴퓨터와 연결 가능하게 되었어요.

산업에 적용되던 웨어러블은 2000년대 초반부터는 의료와 엔터테인먼트로 확장되기 시작했어요.

이 시기는 발열 문제와 배터리 성능이 개선되고 단말기가 소형화되면서 웨어러블 기기의 부품들은 아주 작아지게 되었답니다.

이런 기술의 변화와 더불어 무선기술과 정보통신 기술이 빠르게 발전하면서 웨어러블 기기들은 인간의 삶 속으로 깊숙히 들어오게 되지요.

세계적인 청바지 브랜드인 리바이스와 전자업체인 필립스가 함께 만든 최초 웨어러블 자켓인 ICD+, 블루투스 헤드셋, 나이키와 아이팟이 공동 개발한 Nike+iPod(움직임을 아이팟에서 자동으로 동기화) 등이 이 시기에 출시되었어요.

2010년대에는 웨어러블 디바이스(특정기능수행장치)의 기술적인 발전과 무선통신의 발달로 인해 디바이스 간의 연결이 가능해지게 되었어요. 특히 스마트폰의 보급 확산으로 웨어러블 디바이스와 스마트폰과의 연결이 가능해지면서 스마트폰은 웨어러블 디바이스들을 컨트롤하는 중심매개체로 활용되기 시작했어요.

무선 통신기술과 웨어러블 디바이스가 다양해짐에 따라 헬스, 의료, 패션, 공연, 전자기기 등으로 웨어러블 디바이스 기능이 확장되어 사물인터넷 시대의 발판이 마련된 것이죠.

이 시기에 발표되어 사람들의 관심을 끌었던 대표적인 제품으로 2014년 발표된 구글 글래스와 애플워치 등이 있어요.

현재 구글 글래스와 애플워치는 라이프로깅 메타버스 시대를 여는 기초적인 역할을 하고 있어요.

1960년대부터 이어온 웨어러블 기술의 꾸준한 발전은 이제 혼합현실^{Mixed Reality,MR} 기반의 홀로렌즈 웨어러블 글래스, VR 헤드기기인 오큘러스 퀘스트, 애플의 AR 글래스로 더 발전 진화하게 되었어요.

1960년대부터 이어온 웨어러블 기술의 꾸준한 발전은 이제 혼합현실^{Mixed Reality,MR} 기반의 홀로렌즈 웨어러블 글래스, VR 헤드기기인 오큘러스 퀘스트, 애플의 AR 글래스로 더 발전 진화하게 되었어요.

이런 기술의 진화는 이제 라이프로깅 메타버스를 비롯한 다양한 메타버스 플랫폼에 사용되면서 현실과 디지털 세상이 초연결되는 새로운 시대를 열어 갈 것으로 기대되고 있답니다.

어떤 일을 할까요?

웨어러블 전문가는 몸에 착용하는 형태의 웨어러블 디바이스와 IT 기술을 접목하여 사용자의 편의를 위해 다양한 제품을 개발하는 전문가를 말해요.

웨어러블 전문가는 사용자의 요구에 적합한 웨어러

몸에 착용할 수 있는 웨어러블 기기들.

블 디바이스를 기획하는 일을 해요. 적용하고자 하는 분야에 최적화된 웨어러블 디바이스를 어떻게 어떤 형태로 만들 것인지를 기획, 설계하고 프로그램을 하는 것이죠.

웨어러블 디바이스를 만드는 것은 한 사람의 힘만으로는 어려운 작업이에요. 센서, 디자인, 소프트웨어 프로그래밍 등 수많은 영역의 전문가들이 모여함께 작업을 해야 하기 때문에 많은 사람들과 의견 조율을 위한 소통도 잘이루어져야 해요.

또한 만들어진 웨어러블 디바이스가 잘 작동하는지 테스트를 하고 오류를찾아내어 개선하는 일도 웨어러블 전문가의 영역이랍니다.

전문가가 되려면 이렇게 준비해 보세요

웨어러블 전문가는 다양한 분야에 활용될 수 있는 웨어러블 디바이스를개발하기 위해 많은 분야에 관심을 가지고 있어야 해요.

웨어러블 전문가가 되기 위해서 필요한 공부는 통신공학, 컴퓨터공학, 전기·전자공학, 제어계측공학, 기계공학, 소프트웨어공학, 프로그래밍 언어 등굉장히 다양하고 많아요. 또한 전문적인 대학원까지 진학해서 좀 더 심도 깊은 공부와 연구가 필요한 영역이기도 해요.

하지만 무엇보다도 웨어러블 전문가에게 필요한 것은 첫째, 창의적인 아이디어에요. 웨어러블 전문가는 사용자의 요구에 따라 웨어러블 디바이스를기획 설계하기도 하지만 사용자의 요구보다 한발 앞서 새로운 영역을 개척

하는 일도 필요하거든요.

두 번째로 웨어러블 전문가는 기술적인 능력에 앞서 인간의 삶에 대한 폭넓은 이해가 필요해요.

웨어러블 디바이스는 단순한 장치가 아닌 메타버스의 핵심이라 할 수 있는 사물인터넷의 확장된 형태로 인간의 삶 전반에 들어가게 될 거예요.

인간과 아주 밀접하게 소통하는 특수성을 가지게 될 것이기 때문에 우리 생활에서 필수적인 활용도를 보일 것으로 기대되고 있지요.

그렇기 때문에 웨어러블 전문가는 기술적인 공부뿐만 아니라 기술이 쓰일 인간의 삶에 대한 이해가 먼저 이루어져야 해요. 그렇지 않으면 웨어러블 디바이스는 쓸모없는 기계로 외면당할지도 몰라요.

실제로 많은 웨어러블 디바이스들이 기대 속에 출

웨어러블 옷과 연결해 활용할 수 있는 기능들.

시되었으나 기대에 못 미치는 성능으로 인해 사용이 중단되는 일도 많았답니다.

웨어러블 전문가를 꿈꾸고 있다면 지금 준비할 수 있는 일은 수학과 과학, 코딩 등 관련 공부를 열심히 하는 것이에요. 그러한 공부와 더불어 인문학 공부도 꼭 잊지 않았으면 좋겠어요. 그리고 이 분야 역시 메타버스 시대 중요한 부분이 될 거예요.

메타버스 세상도 인간의 삶을 향상시키기 위한 기술들이 적용되거든요. 그래서 인간을 이해하지 못하는 기술은 발전하기 어렵답니다.

앞으로의 전망

미국의 BCC 리서치사는 웨어러블 디바이스 시장이 2018년 303억 달러 규모로 연평균 43퍼센트 성장할 것으로 예상했고 미국 실리콘밸리 무역관 또한 2030년 스마트폰의 70퍼센트가 스마트워치로 대체 될 것이라고 전망했어요.

현재 스마트워치가 가장 대표적인 웨어러블 기기예요.

현재 웨어러블 시장을 선도하고 있는 나라는 미국이에요. 가장 많이 사용되고 있는 웨어러블 제품으로는 스마트폰과 연동되어 있는 시계 형태의 스마트워치와 밴드 타입의 헬스 관련 제품이 대다수로 인기를 끌고 있어요.

웨어러블 디바이스 개발 분야는 적용되어질 분야가 아주 다양해요. 전문가들의 관심 영역에 따라 의료, 국방, 산업, 교육, 스포츠, 의료, 헬스, 여행 등

생활 모든 전반에 걸쳐 전문적인 웨어러블 디바이스가 개발되고 있으며 메타버스 시대에는 더 넓은 영역으로 발전해갈 거에요.

스마트 밴드를 사람의 몸 중 어디에 붙이는지에 따라 필요로 하는 다양한 건강 정보를 체크할 수 있는 시대가 오고 있어요.

블록체인 개발자 그리고 NFT 기술

여기 세상에 하나밖에 없는 운동화가 있어요. 전 세계에서 유일하게 하나만 만들어진 운동화랍니다. 운동화는 굉장히 유명한 명품 스포츠 회사에서 만들었고 사람들은 모두 그 운동화를 가지고 싶어 했어요.

하지만 이 운동화에는 단점이 하나 있었어요. 그 단점은 운동화를 신을 수도, 만질 수도, 집으로 가져와 보관할 수도 없다는 것이에요.

여러분은 이런 운동화를 사고 싶으신가요? 이 운동화는 메타버스 플랫폼 안

가상현실 속 운동화.

에 만들어진 명품 스포츠 매장에서만 파는 디지털 운동화예요. 자신의 아바타에게 신게 할 수 있는 디지털 아이템 중 하나지요.

그러나 디지털로 만든 운동화이다 보니 위조와 복제가 너무나 쉬웠답니다. 실물 운동화도 짝퉁이라는 이름으로 복제되어 팔리고 있듯이 메타버스 속 매장에서 파는 디지털 아이템은 더욱 복제와 위조가 쉬웠지요. 그래서 세상에 하나밖에 없는 운동화라고 하지만 사람들은 위조와 진짜를 구분할 수 없었기 때문에 믿지 못했어요.

이렇게 되면 메타버스 플랫폼 안에서 만들어지는 수많은 게임 아이템에 대한 가치는 보장받을 수 없게 되고 거래도 힘들어지게 돼요.

메타버스의 가장 큰 특징은 가상세계 안에서 거래되는 아이템들이나 정보들이 현실과도 연결되어 가치가 인정되어야 하는 것입니다.

만약 여러분이 로블록스나 제페토에서 만든 게임이나 아바타 패션 아이템이 실제 가치로 인정받지 못한다면 메타버스 플랫폼 안에서 발생하는 수익은 게임 속에서만 사용되는 것일 뿐 현실에서의 수익에는 아무런 영향을 줄 수 없어 속상할 거에요.

그래서 이 희귀한 아이템을 사는 사람들은 복제할 수 없고 소유권을 인증받을 수 있는 시스템을 필요로 하게 되었어요.

기업에서는 이런 문제점을 해결하기 위해 새롭고 창의적인 기술을 이용하기로 했어요. 그것이 바로 NFT$^{non-fungible\ token}$ 기술이랍니다.

NFT$^{non-fungible\ token}$는 대체불가능한 토큰이라는 뜻으로 일종의 디지털 소유권 인증서이자, 주택의 등기부등본과 같은 역할을 하는 증명서라고 할 수 있어요.

우리가 주택을 구입할 때 주택의 주인이 누구이고 언제 지어졌으며 소유자가 어떻게 바뀌었는지, 대출은 얼마인지에 대한 내용 등을 법원의 등기소 사이트에서 대한민국 국민이라면 누구나 열람할 수가 있어요.

이 등기부등본에 쓰여 있는 내용에 대해서는 법원 등기소에서 법적으로 원본임을 인증하고 있기 때문에 누구나 등기부등록에 쓰여 있는 내용에 대해서는 절대적으로 믿고 주택을 거래하게 된답니다.

NFT는 이 주택등기부등본처럼 디지털로 되어 있는 등기부등본으로, 원본 유무와 소유권, 매매내역 등을 인증 받을 수 있는 디지털 기술이라 할 수 있어요.

NFT는 미술품, 명품 잡화, 패션 등과 같은 실물자산과 저작권, 창의적인 아이디어, 디지털 정보와 게임 아이템 등과 같이 보이지 않는 무형의 자산에까지 모두 적용될 수 있어요.

실제 NFT 기술을 접목해 브랜드로 만든 기업들이 늘어나고 있다고 해요. 메타버스 시대에 접어들면서 디지털 자산이 늘어날 것을 예상하고 복제나 위조 때문에 명품으로서 가치를 침해당하는 것에 대한 대비책으로 생각하기 때문이랍니다.

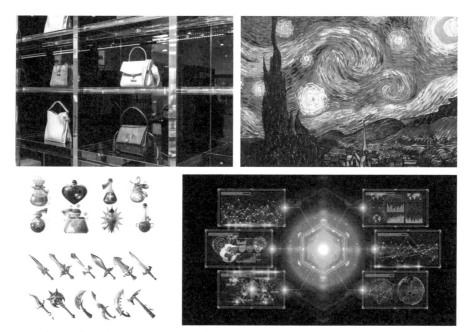

NFT 기술은 명품, 미술품, 패션부터 디지털 정보, 게임 아이템까지 실물 자산, 가상 자산 상관없이 다양한 분야에 적용할 수 있어요.

　이는 이미 현실화되어 글로벌 명품 브랜드인 루이비통, 까르띠에, 프라다는 블록체인 플랫폼인 '아우라Aura'를 만들고 제품의 위조방지를 위한 NFT 인증서를 발급하고 있어요.

　또한 스위스의 명품 시계 브랜드 브라이틀링의 아리아니Arianee, 나이키의 크립토킥스Cryptokicks, 국내 SSG 닷컴의 SSG 개런티도 블록체인 기반의 NFT 인증서를 발급하는 서비스를 하고 있어요. 특히 나이키가 새롭게 런칭한 브랜드 크립토킥스는 크립토킥스 운동화를 사게 되면 NFT 인증서를 함께 받을 수 있답니다.

이 인증서를 나이키 앱에 등록하는 순간, 크립토킥스 운동화의 소유권과 원본 인증, 거래내역 등을 정확히 인증 받을 수 있어요. 이런 인증서를 발급하는 이유는 나이키 제품을 중고로 사고 파는 리셀러^{reseller}들이 많기 때문이에요.

중고 거래에 있어 원본의 유무는 가격을 형성하는 데 매우 중요한 정보에요. 특히 한정판이거나 희귀 아이템인 경우는 중고 가격이 신제품 당시 가격보다 오히려 높은 경우가 있어서 진품임을 확실하게 보증하는 것은 매우 중요하거든요.

이처럼 NFT는 미술품과 명품 등 보이는 실물 자산뿐만 아니라, 디지털 자산, 음악, 유명인들의 재능 등 보이지 않는 무형의 자산도 인증해 주는 시스템으로, 메타버스 플랫폼 안과 밖에서 이루어지는 상거래에 중요한 기술로 관심을 받고 있는 중이에요.

NFT 인증서의 특징은 블록체인 기술을 기반으로 만들어졌어요. 블록체인 기술이 만들어지지 않았다면 디지털 인증서인 NFT는 만들어질 수 없었겠죠.

블록체인.

따라서 블록체인 기술은 메타버스 시대에 없어서는 안 될 매우 중요한 기술이랍니다.

그래서 블록체인 기술을 개발하고 NFT처럼 새로운 분야에 응용하는 블록체인 전문가의 일은 점점 더 확장되고 있어요.

블록체인 기술은 데이터를 분산하여 저장하는 기술로, 보안과 위조방지에 매우 획기적인 기술로 인정받고 있어요.

블록체인 기술에 대한 이해는 쉽지는 않아요. 왜냐하면 컴퓨터 프로그래밍 언어에 대한 충분한 이해가 필요하니까요.

블록체인으로 관리하는 인터페이스 스마트 사업.

그리고 지금 여러분에게 필요한 것은 블록체인 기술을 이해하기 위해 컴퓨터 용어를 공부하는 것보다는 블록체인 기술로 인해 세상이 어떻게 변화될 것인가를 이해하는 것이랍니다.

지금부터 블록체인 기술에 대한 이해를 돕기 위해 짧은 동화 이야기를 해볼까 해요 어느 숲속 마을에 코리와 아리와 토리라는 다람쥐 3형제가 살고 있었어요. 이곳은 다른 마을에는 없는 독특한 규칙이 있었는데 매일 아침 9시 마을광장에 모여 어제 하루 마을 안에 있었던 모든 거래를 공유하고 장부에 기록하는 일이었어요.

코리는 아리에게 도토리 10개를 주고 아리는 토리에게 밤 5개를 줬어요. 토리는 코리네 나무구멍을 고쳐주고 도토리 20개를 받기로 했어요.

광장에 모인 3형제들은 이 모든 거래 내용을 공공장부에 기록한 뒤 똑같은 복사본을 각각 나눠 가졌어요. 그래서 다람쥐 형제들은 누가 누구에게 무엇을 팔았고 어떤 거래가 있었는지를 모두 알게 되었어요.

어느 날 막내 토리가 장부를 잃어버리는 일이 발생했어요. 토리는 코리네 나무구멍을 고쳐준 대가로 도토리 20개를 받기로 했는데 그 내역이 적힌 장부가 없어진 거예요. 토리는 어쩔 줄 몰라 나무 등걸에 앉아 울고 있었어요.

마침 지나가던 옆 마을 여우가 그 모습을 보았어요. 여우는 토리에게 우는 이유를 물었어요. 그리고 토리의 이야기를 다 들은 여우는 웃으며 토리에게 말했어요.

"걱정 마! 네가 코리에게 도토리 20개를 받기로 했다는 것을 너희 형제 모두 다 알고 있잖아 왜냐하면 너희가 아침마다 함께 기록하고 복사해 간 공공장부에 그 증거가 남아 있기 때문이지"

다음날, 다람쥐 3형제는 서로의 장부를 대조해 보았어요. 거기에는 "코리는 나무구멍을 고쳐 준 토리에게 도토리 20개를 준다"라고 내역 뿐만이 아니라 장부를 기록한 시간과 거래의 순서까지 모두 상세히 적혀 있었어요. 그래서 무사히 문제가 해결되었답니다.

지금까지의 이야기는 블록체인의 분산 데이터 저장 기술의 이해를 돕기 위한 우화였어요. 블록체인 기술의 최고의 장점은 위·변조와 해킹이 불가능하다는 것이에요. 어떻게 그런 일이 가능하냐고요.

우화에서 보았듯이 블록체인 시스템은 적정 시간 단위로 저장되는 거래기록을 모든 사용자의 서버에 복사본을 보내어 관리하는 구조예요.

그 복사본 장부를 블록이라고 하고 그 블록이 사용자들에게 개인 간 거래 (P2P) 방식으로 체인처럼 연결되어 있다고 해서 블록체인이라는 이름이 붙었다고 해요.

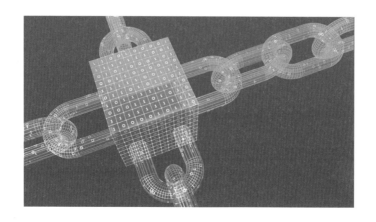

　매일 아침 다람쥐 3형제가 모여 공공장부를 쓰고 복사본 3개를 나누어 갖는 것과 같은 시스템인 거지요.

　막내 토리가 장부를 잃어버린 것은 해킹의 위험을 말한 것과 같아요. 혹시 한 서버가 해킹을 당했다 해도 서로 연결된 나머지 다람쥐 형제들이 가지고 있는 장부 안에 그동안의 거래기록이 남아 있기 때문에 단숨에 복원시킬 수가 있는 거예요.

　또한 토리가 도토리를 더 받을 욕심에 도토리의 개수가 30개라고 자신의 장부를 위조한다 해도 나머지 형제 다람쥐의 장부에 적힌 내용과 일치하지 않기 때문에 토리의 장부는 파기되게 되지요.

　혹시 다람쥐 3형제만 사는 마을이니 나머지 형제의 장부를 다 훔치면 위·변조가 가능할 수 있지 않을까 생각하는 친구도 있을지 몰라요.

　아주 재미있는 생각이지만 이 이야기는 어디까지나 블록체인을 쉽게 설명하고자 하는 작은 예일 뿐이에요. 다람쥐 3형제의 장부에 해당하는 블록은 사람이 직접 가지고 다니는 것이 아닌 인터넷을 통해 빛의 속도로 움직이는 데이터에요. 인터넷으로 연결된 사용자들은 우리나라뿐만이 아니라 전 세계에 연결되어 있고 수십만 명 혹은 수천만 명이 될 수도 있어요.

그런 상황에서 해킹을 하려면 적게는 수백 명에서 많게는 수천만 명의 개인 컴퓨터 안에 저장되어 있는 거래 장부를 다 해킹해야 하는데 그것은 아무리 엄청난 슈퍼컴퓨터가 와도 불가능한 일이지요.

또 이런 생각을 하는 친구도 있을 거예요. 막내 토리가 형 코리를 매수해서 받을 도토리를 30개로 고치게 하면 2대 1이 되니 누가 맞는지 어떻게 알지요?

실제로 블록체인 시스템은 49대 51로 분산장부를 대조했을 때 50퍼센트가 넘는 데이터를 채택하고 49퍼센트에 해당하는 데이터는 파기하게 되어 있어요. 대조 블록 데이터에서 공통의 데이터가 최소 50퍼센트를 넘어야 하는 것이죠.

이것 또한 3마리만 있는 다람쥐 마을이 아닌 인터넷 안에서 생각해 본다면 토리가 위조를 위해 매수해야 할 사람의 데이터는 전체 블록체인 안에 분산 공유되는 데이터의 반절이 넘어야 해요.

그렇기 때문에 결국 토리는 우리나라 혹은 전 세계의 수백 명에서 수천만 명의 데이터를 매수 조작해야 되는 엄청난 일을 해야 하지요. 어쩌면 토리는 도토리 10개를 더 받기 위해 더 많은 돈을 써야 할지도 모르고 일평생을 위조에 받쳐야 될지도 몰라요. 상상해 보니 너무 웃음이 나오네요. 설마 그런 일을 할 사람이 있을까요? 그렇기 때문에 블록체인 기술은 해킹과 위조가 불가능한 데이터 위·변조 방지 기술이라 할 수 있어요.

블록체인과 비트코인

오랫동안 데이터를 연구하는 프로그래머들은 해킹의 위험과 위·변조를 할 수 없는 데이터 저장기술에 대한 연구를 해 왔어요.

혹시 여러분은 국가기관의 서버가 디도스 공격이나 해킹을 당했다는 이야기를 들어 본 적이 있나요?

특히 정부나 국방부 등 국가의 안보가 걸려 있는 기관들의 해킹위협은 온 나라를 마비시킬 정도로 큰 위협이 되고 있답니다.

해킹의 위험은 국가기관뿐만 아니라 우리 생활 속에서도 발생할 수 있어요.

여러분이 사진을 찍어서 인스타그램에 올리게 되면 그 모든 정보는 어디

에 보관될까요? 바로 페이스북에 데이터로 저장
이 됩니다. 페이스북은 우리의 사진과 다양한 사
생활 정보에 대한 빅데이터가 모두 모이는 회사
가 되는 거예요.

페이스북. 인스타그램.

만약 페이스북이나 인스타그램이 해킹당한다면 어떻게 될까요? 우리가 몇
년간에 걸쳐 저장해둔 나의 기록들, 일명 라이프로그들이 하루아침에 사라
져 버릴 수도 있어요.

그래서 이런 기업들은 해킹 방지와 보안에 엄청난 돈을 쏟아 붓고 있답니
다. 고객들의 정보가 기업의 생명이기 때문이지요.

페이스북이나 구글, 네이버 등과 같이 수많은 사람들의 데이터를 수집해
모으고 있는 회사에는 엄청나게 큰 데이터 센터가 있어요. 여기가 바로 블록
체인과 반대되는 중앙서버 시스템이랍니다.

대기업들은 중앙서버 시
스템을 가지고 있어요.

이러한 중앙서버 시스템은 한 회사나 기업에서 모든 데이터를 관리하기 때문에 매우 효율적이고 편리하다는 장점이 있어요. 하지만 끊임없는 해킹의 위험으로부터 벗어날 수가 없답니다. 누군가 구글이나 페이스북의 중앙서버를 해킹한다면 전 세계인들의 개인정보가 유출될 수 있기 때문이지요. 또한 중앙서버를 관리하는 기관이나 기업은 막강한 권력을 가지게 될 수도 있어요.

이와 같은 위험에 대한 대안으로 제시된 기술 중 하나가 바로 블록체인 기술이에요. 블록체인 기술은 중앙서버장치가 없기 때문에 실제로 해킹을 당할 염려나 위·변조를 할 수 없어요. 사용자 모두가 개인 대 개인으로 직거래(P2P 방식 거래)를 하며 모든 장부가 공개되어 분산 저장되기 때문에 어느 한 기관이나 조직에게 권력이 집중되지 않아요.

거래 중에 발생할 수 있는 다양한 수수료 등 관리비용을 물지 않아도 돼서 사용자들의 부담을 줄여 줄 수도 있다고 해요.

블록체인 기술을 처음 창안한 사람은 2009년 사토시 나카모토

블록체인은 개인 대 개인으로 직거래해요.

로, 본명은 아니에요. 사실 사토시 나카모토가 어떤 사람인지 아직도 알려진 게 없어서 많은 사람들이 궁금해 해요.

사토시 나카모토가 처음 제안한 데이터의 분산저장 기술인 블록체인 기술

은 기존의 중앙서버 저장 방식의 가장 약점인 해킹과 위·변조를 불가능하게 한 새로운 기술이었어요.

하지만 이때까지만 해도 블록체인 기술은 이론에 불과했지요. 그래서 블록체인 기술이 우리 생활에 어떻게 적용될 수 있는지 실제로 해킹과 위·변조가 불가능한지 그것을 증명하기 위해 최초로 금융에 적용한 사례가 바로 '비트코인'이에요.

중앙은행에서 관리하지 않고 개인 대 개인으로 거래하고 그 거래 데이터를 분산저장하며 공동의 장부를 만들어 공유함으로써 신뢰를 쌓고 해킹과 위·변조가 불가능하기에 신용을 가지게 된 새로운 가상 화폐가 탄생한 것이었지요.

그렇게 탄생한 비트코인은 현재 많은 사람들의 관심과 논란의 대상이 되어 전 세계에서 가장 유명한 암호화폐가 되었어요.

이 비트코인의 인기만큼이나 중요한 것은 비트코인의 기술적 배경인 블록체인 기술이에요. 블록

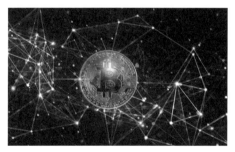

비트코인은 실제로는 눈에 보이지 않아요. 그래서 가상화폐라고 하죠.

체인기술은 단순한 이론이 아닌 우리의 일상생활에 실제로 적용될 수 있다는 것을 증명했다는 것에 더 주목해야 해요.

그런 점에서 비트코인은 블록체인 기술의 가능성을 전 세계인들에게 알린 첫 증거가 된 셈이죠.

비티코인의 발전으로 등장한 NFT

비트코인이 블록체인 기술을 이용하여 만들어진 최초의 가상화폐라면, 메타버스 시대에 접어들면서 관심 있게 적용된 분야가 바로 디지털 등기부등본인 NFT랍니다.

가상화폐 비트코인의 엄청난 인기 때문에 많은 사람들이 NFT 또한 비트코인과 같은 가상화폐로 오해하고 있다고 해요.

하지만 비트코인과 NFT는 성격이 달라요. 예를 들자면 우리가 집을 살 때는 돈을 지불해야 해요. 비트코인은 바로 이 돈에 해당하는 거예요.

그런데 그 주택의 소유권자가 이 집을 팔려는 매매자와 같은 사람인지를 알기 위해서는 등기부등본을 열람해야 합니다. 그래야 사기의 위험을 피할 수 있으며 공정한 거래를 할 수 있기 때문이지요. 바로 이 소유권과 원본유부를 인증해 주는 등기부등본이 NFT라고 할 수 있어요.

만약 빵을 사야 한다면 비트코인으로 결제해야겠지요. 빵을 사는데 내가 가지고 있는 명품 운동화의 인증서인 NFT를 들고 간다면 빵집 주인은 매우 당황할 거예요.

가상화폐지만 화폐의 기능을 하는 비트코인은 그에 대응되는 화폐 가치가 있답니다. 만약 1비트코인이 우리나라 돈으로 1000원이라면 3000원짜리 빵을 사는 데는 3비트코인이 필요하겠지요.

그런데 NFT의 가치는 비트코인처럼 일정하게 대응되는 가치가 아닙니다. 1NFT는 1000원이 성립될 수 없다는 것이지요. 왜 그런지 알아볼까요?

NFT는 인증서입니다. 만약 명품가방을 400만 원에 사고 NFT를 발행받았다면, 가방의 NFT 인증서의 가치는 400만 원입니다.

또 주택을 5억에 구입하고 발행받은 NFT 인증서는 5억의 가치를 가지게 됩니다. 그렇다면 이 두 개의 NFT 인증서는 서로 교환이 가능할까요?

만약 빵집 주인이 3000원짜리 빵을 100만 원짜리 명품 구두 인증서와 맞교환한다면 어떻게 이 인증서를 현금으로 바꿀 수 있을까요?

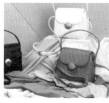

우리가 살고 있는 현실에서는 빵과 명품 가방, 신발 그리고 집의 가치와 가격은 모두 달라요.

NFT 인증서는 이더리움이라는 가상암호화폐를 통해 경매로 바꿀 수가 있다고 해요. 그렇게 되면 명품 구두의 가치는 1000원이 될 수도 있고 100만 원이 될 수도 있겠지요.

이제 우리는 NFT와 비트코인을 구별할 수 있게 되었어요.

블록체인 기술을 기반으로 만들어진 가상화폐인 비트코인과 인증서인 NFT는 모두 블록체인 기술의 응용이 어디까지 가능한지 보여 준 좋은 예가 되었다는 점에서 큰 의미가 있어요.

그래서 블록체인 기술은 미래 메타버스 시대를 여는데 많은 관심이 쏠리고 있는 분야일 뿐만 아니라 더 다양한 분야에 응용될 것으로 기대되고 있어요.

현재 블록체인 기술 개발자들은 비트코인과 NFT를 통해 블록체인 기술로 화폐와 등기부등록이 가능하다는 것을 보여 주었어요. 그리고 이 분야는 어떤 분야든 응용이 가능하기 때문에 미래 블록체인 개발자가 될 여러분들이 블록체인 기술을 어떤 분야에까지 응용하게 될지 창의력이 기대되는 분야입니다.

어떤 일을 할까요?

블록체인 기술 전문가는 블록체인 기술을 다양한 영역에 구현할 수 있는 프로그램을 개발, 운영하고 관리하는 일을 하는 전문가를 말해요.

블록체인 개발자는 컴퓨터 프로그래밍 언어를 통해 프로그램 개발을 하는 일이 가장 핵심적인 일이에요. 또한 블록체인 기술을 어떤 영역에 적용시켜 나갈 수 있는지에 대한 연구와 아이디어를 내고 실제로 구현할 수 있는 앱이나 플랫폼을 만드는 일도 해요.

블록체인 기술 전문가의 영역은 NFT까지 넓혀졌으며 아직도 성장 중에 있어요.

그리고 블록체인 기술 역시 다양한 분야에 적용시키기 위해서는 사회의 변화와 사람들의 생활 패턴에 대한 지식과 지속적인 관심이 필요하답니다.

전문가가 되려면 이렇게 준비해 보세요

블록체인 개발자가 되기 위해선 무엇보다도 컴퓨터 프로그래밍 언어를 익히는 게 중요해요. 블록체인 기술도 결국은 컴퓨터 프로그램 중 하나이기 때문이죠.

우리가 미국인과 대화하기 위해서는 영어를 공부해야 하는 것처럼 컴퓨터와 대화하려면 컴퓨터 언어를 익혀야만 해요.

세상에는 수많은 나라의 수많은 언어가 있듯이 컴퓨터 프로그래밍 언어도 어디에 적용되느냐에 따라 굉장히 다양한 언어가 있어요. 비트코인의 소스언어인 C^{++}언어나 블록체인 기술을 이용한 어플에 해당하는 DApp^{Decentralized Application}를 이해하기 위해서는 이더리움의 솔리디티^{Solidity}라는 프로그램 언어를 공부해야 해요.

꼭 블록체인 기술에 해당하는 언어만 공부해야 하는 것은 아니에요. 우리가 3개 국어, 4개 국어를 하면 훨씬 더 유리하듯 컴퓨터 프로그래밍 언어에는 C언어, 자바^{JAVA}, 베이직^{BASIC}, 자바 스크립트, 파이썬, $C^{\#}$, PHP 등 다양한 언어가 있어요. 이러한 프로그래밍 언어는 보편적으로 많이 쓰이는 언어들이기 때문에 꾸준히 익히고 공부하는 것이 중요해요.

그렇다면 프로그래머가 되기 위해선 어떤 학과에 가는 것이 유리할까요? 컴퓨터공학, 소프트웨어공학, 게임개발, 정보처리 등을 전공하면 전문교육을 받을 수 있어요.

지금보다도 미래 사회에서는 컴퓨터 프로그래밍과 그것을 할 수 있는 전문가의 영역이 더 넓어질 거예요.

하지만 컴퓨터 프로그램을 꼭 대학에서만 공부해야 하는 것은 아니에요. 독학으로 컴퓨터 프로그래밍 언어를 공부한 사람도 많이 있고 전공은 아니지만 다양한 교육기관에서 실력을 쌓는 사람도 있어요.

컴퓨터 프로그래밍 언어는 우리가 언어공부를 하는 것과 유사해서 꾸준히 관심을 가지고 해야 하는 일이에요.

지금 학생인 여러분이 컴퓨터 프로그래머가 되기 위해 준비를 시작할 생각이라면 먼저 쉬운 초심자용 책을 통해 조금씩 꾸준히 공부해 가는 것을 권하고 싶어요. 프로그램을 직접 짜 보는 것도 매우 좋은 출발이에요.

다음으로는 영어 공부를 열심히 해야 합니다. 아쉽게도 모든 컴퓨터 프로그래밍 언어는 영어로 되어 있기 때문에 영어는 필수예요. 그리고 무엇보다도 컴퓨터 프로그래밍 과정은 인내력과 끈기가 필요한 일이니 만큼 컴퓨터 프로그래밍에 대한 열정과 관심을 가지고 스스로의 힘으로 알아보는 것이 최우선이겠지요.

앞으로의 전망

　세계경제포럼에서는 '2027년이면 전 세계 총생산의 10%가 블록체인 기술로 저장될 것'이라고 예상했어요. 블록체인 기술은 해킹과 위·변조가 불가능한 기술이라는 것이 비트코인 등 많은 가상화폐에 의해 증명되어 가고 있는 중이에요. 이와 같은 해킹과 위·변조가 불가능하다는 장점은 데이터의 보안성을 매우 중요시하는 분야와 연결될 가능성이 아주 높아요. 뿐만 아니라 그 활용 분야도 매우 다양하게 이루어질 거라고 예상하고 있지요.

　예를 들면 환자의 의료기록, 차량 등록 업무, 부동산 거래, 공증, 음반 저작권, 각종 관공서의 증명서 발급, 토지대장 등이 그것이에요.

우리 일상생활 속 수많은 분야에서 이제 블록체인이 쓰이게 되는 시대가 다가오고 있어요.

블록체인 기술은 지금까지 있어 왔던 기존의 데이터 저장방식의 개념을 완전히 뒤집은 새로운 개념으로 메타버스 시대를 이끌어 갈 중대한 발명품이라고 말하고 있어요.

하지만 한편으로는 걱정의 목소리도 높은 게 사실이에요. 블록체인 기술은 아직 초기 단계로, 비트코인과 NFT로 실현 가능성을 증명하고는 있는 것에 반해, 여전히 블록체인 기술에 대한 정확한 이해가 충분하지 않고 세계적인 표준이 마련되어 있지 않아 혼란이 발생하고 있는 것도 사실이거든요.

그럼에도 블록체인 기술이 우리에게 가져다 줄 변화가 무엇일지에 대해서는 생각해 봐야 해요.

블록체인 기술의 핵심은 탈중앙화, 다시 말해 기존의 중앙집권적이며 소수의 기관이나 조직에 의해서만 다루어져 왔던 정보가 모든 사람들과 함께 공유되고 활용될 수 있게 되었다는 점이에요. 그것이 세상을 어떻게 바꿔 놓게 될지 한번 상상해 보는 것도 재미있을 거예요. 더 이상 한 집단이나 글로벌 기업에게 권력이 집중되지 않을 것이며 위·변조나 해킹의 불가능성 때문에 부정부패와 속임수가 사라지겠지요.

너무 긍정적으로만 생각하는 것 같다고요? 여러분은 어떻게 생각하시나요?

다가오는 메타버스 시대에 어떠한 새로운 기술이 또 우리를 놀라게 하고 사회를 변화시키게 될지는 알 수 없어요.

그리고 사람들이 그것을 어떻게 받아들이고 활용하게 될지도 아직은 알 수 없지요. 그럼에도 불구하고 많은 사람들은 앞으로 펼쳐질 메타버스 시대를 매우 기대하고 긍정적으로 바라보고 있어요.

기술에는 옳고 그른 것이 없다고 해요. 그 기술을 긍정적인 방향으로 사용할 것인지 부정적으로 사용할 것인지는 전적으로 사용자에게 달려 있거든요.

블록체인 기술은 단순한 데이터 저장방식의 기술적인 변화라는 관점보다는 우리가 살고 있는 세상의 모습을 예전과는 완전히 바꿔놓을 수도 있다는 관점에서 새로운 메타버스 시대에 주목할 만한 기술로 전망되고 있어요.

블록체인을 기반으로 NFT의 시대가 되면 세상은 어떤 모습이 될까요? 서류가 사라진 시대를 상상해 보세요.

메타버스 세계 속
우리가 만나게 될
직업들

메타버스 플랫폼 속 새로운 가치를 여는 직업들 · 메타버스 건축가 ·
아바타 캐릭터 디자이너 · 아바타 패션디자이너 · 메타버스 게임 개발자 ·
메타버스 콘텐츠 크리에이터 · 메타버스 데이터 마케터 · XR 개발자

메타버스 플랫폼 속 새로운 가치를 여는 직업들

이 책을 읽는 여러분 중에는 여전히 메타버스가 무엇인지 이해하기 어렵다고 느끼는 사람도 있을 거예요.

메타버스는 우리가 공부하고 물건을 구매하고 여행을 하고 맛집에 가는, 지금 현재 우리의 삶을 그대로 옮겨 놓은 가상세계입니다. 수십 년 동안 발전을 거듭해온 과학과 IT 기술들이 하나로 모여 만들어낸 아주 거대한 세상이 될 것으로 예상되는 곳이지요. 메타버스는 우  리의 일상과 연결되어 함께 살아가게 될 새로운 지구인 셈이에요.

여러분은 미래에 더 이상 버스나 지하철을 타고 회사에 출근하지 않을 수도 있어요. VR 헤드셋이나, 간단한 AR 글래스를 착용하고 집 안 거실에서 메타버스 안으로 출근하게 될지 모릅니다.

메타버스 안에서 여러분은 새로운 직업을 가질 수 있으며 내가 원하는 모습의 아바타를 통해 근무할 수 있어요. 나의 회사 동료는 부산에 살거나 제주도에 살 수도 있지만 우리나라 어디에 있든 메타버스 플랫폼을 통해 같은 시간에 같은 가상 사무실에 모여 일을 할 수 있어요.

메타버스 안에서는 내가 남자이든 여자이든 한국인이든 미국인이든 몸매가 뚱뚱하든 말랐든 상관없이 사람들에게 어떻게 보일까 걱정하지 않아도 됩니다. 우리의 아바타는 내가 가장 보여 주고 싶은 멋지고 개성 있는 모습으로만 보이게 할 수 있으니까요.

메타버스 게임은 어떨까요? 게임은 메타버스에서 가장 실감나는 분야일 거

예요. 수많은 VR 장비의 개발로 정말 게임 속에 들어온 것처럼 몰입감이 느껴질 거예요. 이런 몰입감은 지금도 개발 중인 다양한 VR 장비들의 발전으로 더욱 정교해지게 돼요. 메타버스 게임 속에서 우리는 내가 상상하는 모든 존재가 될 수 있어요.

메타버스 게임 플랫폼은 더 이상 게임만 하는 플랫폼이 아니랍니다. 자신이 원하는 아바타의 모습으로 게임 속에서 만나 친구가 되는 친목의 장소가 되기도 하고, 자신이 직접 만든 게임 아이템을 팔아 돈을 벌 수도 있으며 새로운 콘텐츠를 게임 안에 접목해 볼 수도 있어요.

게임 메타버스 플랫폼에 접속을 하는 순간, 여러분은 그 안에서 일하고 놀고 휴식할 수 있는 또 하나의 세계로 들어가는 거지요.

이것뿐만이 아니에요. 메타버스에서 우리는 TV도 영화도 내가 좋아하는 가수의 콘서트도 관람할 수 있어요.

웹툰이나 웹소설도 아바타를 이용해 실감나는 동영상으로 만들어 친구들과 많은 사람들에게 공개할 수도 있답니다.

심지어는 웹 드라마나 단편 영화도 제작할 수 있다고 해요. 감독, 편집, 촬영을 직접 해 볼 수도 있어요. 배우는 내가 창조한 아바타가 되는 거지요. 메타버스 안에 나만의 영화관이나 드라마 방송을 만드는 것도 가능해요.

다양한 메타버스 플랫폼이 만들어지면 다양한 모습의 지구가 여러 개 만들

메타버스 속 나의 아바타로 배우나 영화감독, 가수, 모델 등 내가 해보고 싶은 꿈을 이룰 수도 있어요.

어지는 것이랍니다. 또 각각의 메타버스 플랫폼들이 서로 연결될 수도 있어요. 우리가 블로그의 글을 읽다가 유튜브 주소를 복사해 붙인(복붙한다고 하죠) URL을 통해 유튜브 동영상으로 연결되는 것처럼 말이죠.

그렇게 되면 우리는 서로 연결된 메타버스 플랫폼들을 통해 이곳에서 저곳으로 옮겨 다니며 여행하는 것도 가능해져요. 이것은 서로 연결된 다양한 형태의 지구 행성 여러 개가 모여 더 큰 우주가 만들어지는 것처럼 지구가 수십 개, 수백 개로 확장되는 것과 같은 개념이에요.

어떤가요? 전부 공상과학 만화나 영화에 등장하는 이야기 같다고 생각되나요? 정말 이런 세상이 펼쳐지는 걸까요? 솔직히 아직은 아무도 알 수 없는 일입니다.

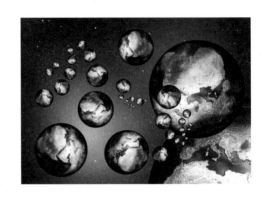

하지만 스마트폰은커녕, 컴퓨터도 없던 시절을 떠올려보면 메타버스의 세상이 전혀 불가능한 것은 아닌 것을 알게 될 거예요. 옛날에는 특정 전문가들만 사용하던 컴퓨터가 일반 사람들에게 보급되기 시작하면서 엄청난 변화를 몰고 왔어요. 개인용 컴퓨터가 들어오면서 개인마다 인터넷이 연결되고 사람들은 집에 앉아 메일을 통해 연락을 주고받았으며 쇼핑도 하고 은행 일도 처리하고 사무도 보았어요.

그러던 어느 날, 스마트폰이 생기면서 이 모든 일은 더 이상 장소에 구애받지 않게 되었답니다. 집이든 사무실이든 카페든 심지어는 걸어 다니면서도, 언제 어디서나 우리는 메일을 보낼 수 있고 쇼핑을 하며 온라인 게임을 즐길 수 있게 되었지요.

수백 킬로미터 떨어진 여행지에서 전화를 받고 사진을

스마트폰 하나면 이 모든 것들을 자동으로 조종할 수 있어요.

찍어 친구에게 실시간으로 전송할 수 있는 세상! 스마트폰에 연동된 가전제품들이 알아서 온도, 습도를 맞춰주고 인공지능 시리와 대화하는 세상! 이 모든 일이 불과 30년 전에는 공상과학 영화에나 나올 법한 이야기였답니다.

그러나 이미 이런 환경 속에 살고 있는 여러분은 일상생활에 필수품이 된 스마트폰과 인공지능 시리와의 대화는 더 이상 신기한 느낌도 들지 않을 거예요.

이제 메타버스 시대가 다가오고 있어요. 그것도 아주 빠른 속도로 다가오고 있다고 해요. 메타버스에 가장 관심을 많이 가지고 있는 '페이스북'의 CEO 마크 주커버그는 2021년 10월 28일 페이스북과 인스타그램, 왓츠앱, 오큘러스 등 모든 계열회사를 총괄하는 회사의 이름을 '메타'로 변경한다고 발표했어요.

페이스북은 메타버스로의 전환을 선언하며 회사 이름도 '메타'로 바꾸었어요.

페이스북이 메타버스 플랫폼으로 변신하겠다는 강한 의지를 보여준 것이지요. 이것은 앞으로 메타버스가 얼마나 중요해지는지를 보여 주는 좋은 예라고 할 수 있어요.

여러분은 이렇게 빨리 변화하는 세상에 다시 한 번 적응해나가야 해요.

하지만 여러분에게 메타버스 세상은 없던 세상이 아니랍니다, 여러분이 지금까지 게임과 SNS와 다양한 플랫폼을 통해 간접적으로 경험해 보았던 세계의 확장판이라고 할 수 있어요.

그래서 적응하는 데 크게 어렵거나 불편하지 않을 거예요. 조금만 관심을 가지고 천천히 준비해나가다 보면 어느 새 여러분은 메타버스 안에서 일상생활을 즐기고 있는 자신을 발견하게 될 것입니다.

지금부터는 여러분이 경험하게 될 메타버스 속 신직업에 대해 탐색해 보려고 해요. 여러분에게 어떤 일이 흥미롭게 다가올지 함께 알아볼까요?

우리가 경험해왔던 2D의 세상은 이제 3D의 세상으로 바뀌고 있어요.

메타버스 건축가

메타버스 플랫폼을 만드는 일은 매우 어려운 일이랍니다. 네이버나 구글, 페이스북과 같은 세계적인 기업에서 엄청난 돈을 들이면서 오랜 기간 연구 개발할 정도로요.

그렇다고 해서 개인은 전혀 메타버스 플랫폼을 만들 수 없다는 것은 아닙니다. 개인이 할 수 있는 좀 더 쉬운 방법이 있어요.

새로운 메타버스 게임 플랫폼을 만들고 싶다면, 이미 만들어진 로블록스나 마인크래프트, 동물의 숲과 같은 게임 플랫폼 안에서 나만의 월드나 맵을 만들어 세계 하나뿐인 자신의 게임 세계를 건설하는 것이 더 편리할 수 있어요. 메타버스 플랫폼을 개인의 힘으로 만들기 위해서는 엄청난 시간과 돈과 노력이 필요하거든요.

전문가의 도움을 받을 수도 있어요. 예를 들어 메타버스 플랫폼인 네이버 제페토 안에 옷 매장을 만들고 싶은 사람이 있다고 생각해 보아요. 이 사람은 옷에 대한 지식은 많을지 몰라도 제페토 아바타를 꾸미는 일이나 특히 플랫폼 안에서 매장을 만드는 일은 익숙하지 않을 수도 있어요. 모든 사람이 디자인 감각이 좋은 것이 아니며 전문 디자이너나 기술자가 아니기 때문에 멋지고 인기 있는 월드를 만드는 일은 한계가 있답니다.

사람들에게 매력적인 매장처럼 보이면서 오래 머물다 갈 수 있도록 다양한 볼거리와 놀거리와 공간을 제공하려면 전문적인 아이디어가 필요할 거예요. 고객들이 오고 싶은 재미있는 공간을 만들려면 매장 콘셉트에 맞는 공간 디자인이 필요한 것이죠. 그렇다면 어떤 전문가에게 일을 의뢰해야 할까요?

고객 아바타가 매장에 들어와서 보고 나가기 좋은 동선을 기획하고 잠시 쉬면서 이야기를 나눌 수 있는 공간, 다녀갔다는 인증을 남기고 싶은 포토존 등 옷 매장을 돋보이게 할 수 있는 공간을 나누고 기획하는 전문적인 사람이

바로 '메타버스 건축가'랍니다.

게임의 맵을 만드는 것처럼 메타버스 플랫폼에 입주하는 매장이나 기관의 공간배치를 효율적이고 멋지게 기획하는 일은 고객들이 찾아와 머물고 물건을 사가는 데 매우 중요한 역할을 해요.

그래서 메타버스 속에서 활동하는 사람들이 많아질수록 메타버스 건축가도 필요해지고 있어요. 메타버스 건축가가 전망 있는 메타버스 신직업 중 하나로 꼽히는 이유랍니다.

전문가가 되려면 이렇게 준비해 보세요

메타버스 플랫폼 안에서 또 하나의 건축물을 만드는 일은 많은 경험과 아이디어가 필요해요. 특히 건축물의 특성을 잘 살려 가장 효율적이고 이용하기 편리한 공간 기획을 하기 위해서는 디자인 감각이 있어야 하겠지요.

이와 같은 능력을 키우기 위해서는 3D 그래픽 디자인이나 건축, 인테리어 디자인, 3D 캐드 등을 공부하면 많은 도움이 될 거에요.

하지만 무엇보다 사람들의 마음을 잘 이해하고 사용자와 고객의 입장에서 무엇이 필요할까를 생각할 수 있는 관찰력과 경험이 매우 중요해요.

앞으로 메타버스 공간 안에는 아주 다양한 분야의 건축물들이 들어서게 될 예정이에요. 작은 규모로는 패션매장이나 편의점, 치킨집, 부동산, 음식점 등이 있으며 큰 규모로는 관공서, 학교, 공원, 도서관 등 우리 생활에서 볼 수 있는 모든 편의시설 및 건물이 전부 메타버스에 들어와 건축하게 될 거에요.

이런 점에서 전망이 좋은 직업으로 메타버스 건축가가 선정된 것이죠.

메타버스 공간을 디자인하는 것은 단순히 쇼파나 책상 같은 가구의 위치만을 정하는 것이 아니랍니다. 어떻게 하면 사용자들에게 건물의 특징을 잘 나타낼 수 있을까, 또 즐겁고 편리하게 사용할 수 있는 최적의 공간을 만들 수 있을까를 고민해야 하기 때문에 좀 더 폭넓은 시각으로 공간을 설계하는 능력이 필요합니다.

이와 같은 능력을 키우기 위해 지금부터 준비한다면 먼저 무엇을 해 볼 수 있을까요?

메타버스 플랫폼의 장점은 언제든 누구든지 바로 만들어 볼 수 있다는 것이지요. 여러분이 잘 알고 있는 메타버스 게임 플랫폼이나 소셜 플랫폼 등에 들어가 직접 맵이나 월드를 만들어 보는 거예요. 그것이 쌓이고 쌓이다 보면 실력이 좋은 메타버스 건축가가 되어 있겠지요.

또한 평소에 다양한 분야의 독서를 통해 지식을 쌓고 사회를 이해할 수 있는 눈을 키우는 것도 아주 중요해요. 이를 통해 건축물을 만들고자 하는 고객과 사용자들의 마음을 이해하고 그들을 만족시킬 수 있는 건물을 세우는 것이죠. 메타버스는 가상세계지만 그 안에서 사는 사람들은 현재 우리와 똑같은 사람이기 때문에 이 점을 간과해서는 안 된답니다.

메타버스 세계에서도 현실에서처럼 우리는 여전히 꿈을 이루기 위한 노력하게 될 거에요. 메타버스 세상의 아바타도 결국은 나를 대신해 내 꿈을 실현하는 매개체이니까요.

아바타 캐릭터 디자이너

여러분은 로블록스나 마인크래프트, 동물의 숲 하면 뭐가 떠오르나요? 아마도 가장 먼저 떠오르는 이미지는 게임 캐릭터일 거예요.

로블록스만의 레고를 조립한 것 같은 캐릭터와 마인크래프트의 사각형 픽셀을 이어붙인 듯한 모자이크 형태의 캐릭터는 로블록스와 마인크래프트의 개성을 잘 살려 만들어낸 캐릭터라 할 수 있어요.

메타버스 안에서 사용되는 우리의 부캐인 아바타는 메타버스 플랫폼의 인기를 좌우할 정도로 매우 중요한 요소예요. 특히 아바타를 예쁘고 멋지게 꾸미고 싶은 사람들의 마음은 어른이든 아이들이든 모두 같을 거예요.

메타버스 플랫폼이 발전할수록 아바타에 대한 관심은 점점 늘고 있어요. 더불어 아바타 캐릭터와 아바타 의상, 메이크업 용품에 대한 구매력도 함께 높아지고 있어요.

그래서 메타버스 플랫폼을 만드는 기업들은 아바타 캐릭터를 어떻게 만들 것인지에 대해 많은 노력과 자금을 투자하고 있다고 해요. 왜냐하면 아바타의 모습이 곧 메타버스 플랫폼을 대표하는 모습이기 때문이지요.

SNS 메타버스 플랫폼인 네이버 제페토의 예를 들어볼까요?

제페토의 아바타를 대표하는 말은 '나랑 닮았지만, 조금 더 귀엽고 예쁜 아바타'예요.

제페토의 아바타들은 실제 우리의 모습과는 많이 다르지요. 얼굴이 몸에 비해 좀 큰 편입니다. 실제 내 모습과는 다른 만화캐릭터 같은 느낌이죠.

하지만 찬찬히 들여다보면 본인 얼굴의 특징을 아주 잘 간직하고 있어요. 제페토의 아바타 디자이너들은 왜 이렇게 아바타를 만들었을까요?

여기에는 나름 아바타 디자이너들의 고민이 들어 있다고 해요.

자신의 얼굴과 똑같은 아바타를 과연 사람들은 좋아할까요?

아바타를 사용하는 사람들은 숨기고 싶은 내 모습의 단점은 보완하고 예쁜 모습은 조금 더 부각시키고 싶은 마음이 있어요.

그렇다고 해서 내 모습과는 완전히 다른 만화적인 모습은 나와 동질감이 없기 때문에 친밀감이 떨어져요. 다시 말해 나같이 느껴지지 않고 나와 전혀 상관없는 그냥 만화 캐릭터처럼 생각된다는 말이에요.

아바타는 나인 듯 내가 아닌 모습으로 자신을 대표할 수 있는 상징물과 같은 거예요.

제페토의 아바타는 자신의 사진 1장만 있으면 나와 닮았지만 더 예쁜 아바타를 만들어 주는 것으로 큰 성공을 거둔 대표적인 사례에요. 말 그대로 디자이너들이 나랑 닮았지만 조금 더 예쁘고 귀여운 모습을 목표로 디자인한 것이지요.

여기에 사용된 기술은 3D 모델링과 같은 디자인적인 요소도 있지만, 얼굴을 인식할 수 있는 인공지능 기술도 중요한 역할을 했어요.

그래서 아바타 캐릭터 디자인은 캐릭터를 디자인하는 디자인적인 분야와 인공지능과 같은 기술적인 분야에서 일하는 사람들의 협업을 통해 이루어진다는 것을 알아야 해요.

디자인 기술만 알아서는 협업을 할 수 없어요. 기본적인 코딩과 아바타를 만들어내는 인공지능에 대한 공부는 해둬야 할 것입니다.

어떤 일이든 독자적으로 할 수 있는 일은 없어요. 특히 메타버스와 관련된 기술은 더욱더 협업이 매우 중요한 부분이라고 할 수 있지요.

아바타를 만들기 위해서는 얼굴 인식 기술도 필요해요.

전문가가 되려면 이렇게 준비해 보세요

아바타 캐릭터를 디자인하기 위해서는 3D 모델링이나 캐릭터 디자인, 컴퓨터 그래픽을 배우는 것은 기본이에요. 무엇보다 메타버스 세계는 기술로 만들어진 세상이면서 인간의 삶을 그대로 옮겨 놓은 세상이라는 것을 잊지 말아야 해요.

그래서 기술적인 공부와 함께 메타버스를 이용하는 사람들의 생각과 마음을 먼저 생각할 수 있는 디자이너가 되어야 해요. 이를 위해 항상 세상에 대한 호기심과 관찰력을 가지고 있어야 합니다.

책은 사람의 생각과 경험이 담긴 만큼 책을 읽고 특히 심리학, 철학, 역사학 등에 대한 이해도를 넓히세요.

아바타는 사용자를 대신하는 또 다른 나이기 때문에 사용자들이 아바타에 부여하는 의미는 특별해요. 또 하나의 나라고 생각하면 여러분도 아바타가

메타버스 속 세계에서도 우리는 일상생활처럼 여행을 가고 꿈을 이루기 위한 노력을 하게 될 것이에요. 메타버스 속 우리도 여전히 우리이기 때문에 꿈을 향해 나아갈 것이니까요. 그래서 메타버스 세계에서도 사람을 이해하는 것은 매우 중요해요.

단순히 디지털 캐릭터가 아닌, 살아 있는 생명체처럼 느껴질 거예요.

그만큼 메타버스 세상 속에서 아바타가 갖는 의미가 단순한 캐릭터 이상이 될 것으로 예측하고 있어요.

아바타를 디자인하는 일은 메타버스 플랫폼 기업의 이익뿐만 아니라 아바타를 사용하는 사용자들의 마음도 이해할 수 있는 넓은 통찰력이 필요한 일이에요.

아바타 패션디자이너

메타버스 플랫폼을 대표하는 아바타는 아주 인기 있는 아이템이에요. 사람들은 아바타를 자신이라고 생각하며 감정이입하기도 하지요.

그러다 보니 일상에서는 실현하기 어렵다고 생각되거나 하고 싶지만 여러가지 상황 때문에 못했던 일들을 아바타를 통해 실현시키고 싶어 합니다.

그 대표적인 예가 아바타 꾸미기입니다. 그중에서도 아바타의 패션과 액세서리, 잡화 등 외형적인 모습을 꾸미는 일은 아주 흥미롭고 즐거운 일이 되었지요.

그래서 아바타가 입는 옷이나 메이크업, 패션, 잡화 등은 실제적인 매출로 이어지는 경우가 매우 높은 분야라고 해요.

실제 네이버 제페토에는 제페토 스튜디오라는 기능을 통해 누구라도 아바타의 옷을 디자인 할 수 있는 공간이 마련되어 있어요.

제페토 스튜디오를 통해서 아바타 의상을 디자인하고 판매하는 아바타 의상디자이너들은 점점 늘어나고 있으며 렌지라는 패션디자이너는 한 달 수입이 1500만 원에 이를 정도로 활발히 활동하고 있어요.

메타버스 세계에서도 여전히 우리는 옷을 사고 패션을 신경 쓰며 일상적인 삶과 같은 모습을 추구하고 있어요. 이런 고객들을 위해 아바타 전용 패션디자이너들도 활동하고 있어요.

또 다른 나이면서 나와는 다른 모습의 아바타! 메타버스 플랫폼 안에서 내 아바타는 일상에서 보여 주기 힘든 내 모습을 과감하게 연출하기도 한답니다.

그러다 보니 평소 너무나 고가여서 착용하기 힘든 옷이나 가방, 신발, 액세서리, 시계 등을 아바타에 입히거나 착용시키는 것에 많은 사람들의 관심이 몰리고 있다고 해요.

제페토 안에 입점해 있는 명품 매장의 수가 점점 늘어나고 있는 것만 봐도 그 인기를 실감할 수 있어요. 그중 하나인 명품브랜드 구찌 빌라는 실제 구찌에서 수백 만 원에 판매되는 구찌백을 제페토의 화폐인 잼 70개면 구매할 수 있어요. 실제 돈으로는 약 6000원이라는 저렴한 비용으로 명품 구찌백을 살 수 있는 거지요. 사용자들은 현실가격과 비교해 상상할 수 없을 정도로 저렴하게 자신의 아바타에게 명품백을 선물하며 대리만족한다고 해요. 일명 현실에서는 힘든 플렉스(FLEX:명품이나 귀중품을 자랑하다는 신조어)를 즐길 수 있게 되는 거지요.

메타버스 안에서도 내 아바타를 고가의 유명 제품으로 꾸밀 수도 있어요.

이런 이유로 아바타의 의상이나 메이크업 등을 디자인하고 새로운 스타일

을 창조해내는 아바타 패션디자이너와 메이크업 아티스트의 인기는 점점 높아질 것으로 전망되고 있어요. 특히 소셜 메타버스 플랫폼들이 늘어날수록 아바타를 멋지게 꾸며 주는 일은 아주 인기 있는 신직업으로 떠오를 것이라고 합니다.

전문가가 되려면 이렇게 준비해 보세요

전문 아바타 패션 디자이너가 되기 위해서는 무엇을 공부해야 할까요?

아바타의 의상이든 사람의 의상이든 옷을 디자인하는 데 있어 기본적인 공부는 반드시 필요하겠지요.

그냥 평면 종이 위에 옷 그림을 그린다고 해서 옷이 완성되지는 않습니다. 패션디자이너가 디자인한 옷은 평면이고 우리가 입는 옷은 3차원 입체지요.

아바타의 의상이라고 해도 옷을 만드는 기본 원칙은 같아요. 아바타는 디지털로 만들었지만 사람처럼 3D 입체로 되어 있기 때문에 사람 옷을 디자인하는 것과 같은 과정을 거치게 됩니다.

디자이너가 옷감의 재질, 모양, 색깔, 부속품 등을 생각하여 평면에 디자인을 하면 디자인에 맞는 옷을 만들기 위해 재단사가 패턴을 그립니다.

디자이너는 의상을 디자인한 후 직접 만들어 착용해 보면서 디자인한 옷의 완성도를 높여요.

패턴은 옷을 만드는 설계도와 같은 것으로 평면에 2D로 그려진 단면도랍니다. 이 평면 단면도에는 소매 모양, 옷의 앞판, 뒤판 모양과 옷의 크기를 위해 정확한 치수가 담겨집니다.

옷의 패턴만 보면 디자이너가 그린 옷의 모양과는 많이 다르다는 것을 알 수 있어요. 평면에 옷의 앞판과 뒤판의 반쪽만 그려져 있기 때문입니다.

디자이너의 디자인대로 패턴을 그려요.

그래서 패턴을 그릴 때는 완성된 입체적인 옷의 모양을 떠올릴 수 있는 감각이 많이 요구됩니다.

이렇게 그려진 패턴만 있으면 누구든지 디자이너가 생각하는 디자인과 똑같은 모양의 옷을 만들 수 있게 되는 것이죠. 예를 들어 음악의 악보와 같은 것이에요.

패턴대로 옷감을 잘라 옷을 만들어요.

옷이 완성되는 과정은 옷을 디자인하는 디자이너와 패턴을 만드는 재단사, 패턴대로 자른 옷 조각들을 꿰매어 우리가 입는 옷으로 완성하는 일을 하는 봉제사의 협업

봉제사가 마지막으로 옷을 완성해요.

을 통해 이루어집니다.

하지만 이 모든 일을 제페토 스튜디오에서는 사람이 아닌, 인공지능이 다 알아서 해 주고 있어서 실제 옷을 제작하는 것에 비해서는 아주 쉽다고 할 수 있지요.

제페토 스튜디오에서 다양한 옷감과 부자재를 고른 뒤, 옷 모양에 맞는 패턴이 자동으로 설정되어 있기 때문에 디자인을 처음 하는 사람도 쉽게 옷을 만들어 볼 수 있다고 해요.

하지만 전문적인 아바타 패션 디자이너를 꿈꾼다면 패션디자인에 대한 공부와 봉제 작업에 대한 이해가 있으면 훨씬 도움이 될 거에요.

이뿐만 아니라 옷감의 소재, 특성, 단추를 비롯한 액세서리 등 옷에 사용되는 다양한 부자재에 대한 이해가 있으면 좀 더 독특하고 인기 있는 디자이너가 될 수 있겠지요.

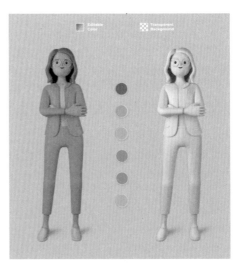

가상 세계에서는 패션디자인을 하기가 더 쉬워요. 직접 옷을 재단할 필요도 없고 바느질을 하거나 하지 않아도 되어요.

실제 제페토 스튜디오는 패턴이나 그림을 잘 못 그려도 충분히 멋진 옷을 만들 수 있도록 모든 아이템이 제공되고 있어요.

그렇다고 만만하게 보면 안 됩니다. 세계 유명한 명품 브랜드와 다양한 전문 패션 부자재를 파는 업체들이 제페토에 점점 더 많이 입점하고 있는 만큼 그들과 경쟁해야 하기 때문에 톡톡 튀는 아이디어가 필요해요.

이런 아이디어와 창의력은 갑자기 생기지 않아요. 정말 직업으로 원한다면 미래 전망 만큼이나 정말 아바타 패션에 관심이 있고 재미있게 일할 수 있는지 생각해 보는 것이 먼저입니다.

그렇다면 내가 이 일에 관심과 즐거움을 가지고 있다는 것을 어떻게 알 수 있을까요? 지금 바로 제페토 스튜디오에 접속해서 아바타 의상을 제작해 보세요.

처음부터 멋진 옷이 나오지 않는다고 실망하지 말고 계속 만들어 보면서 패션 쪽 책과 유행 아이템들을 공부해 보세요. 이를 아바타 의상 제작에 응용하면서 노력하다 보면 아바타 패션디자이너가 하고 싶은 일인지 알 수 있게 될 거에요.

그럼 미래 아바타 패션디자이너들에게 파이팅을 외쳐봅니다! 파이팅!

메타버스 게임 개발자

사람들의 관심을 끈 메타버스의 플랫폼은 뭐니 뭐니 해도 아이디어 넘치는 세계관을 가진 메타버스 게임 플랫폼들이에요. 세계 최고의 메타버스 게임 플랫폼인 로블록스는 접속자가 2억 명이 될 만큼 큰 인기를 끌고 있는 메타버스 대표게임이지요.

그렇다면 로블록스가 다른 게임들과 달랐던 점은 무엇이었을까요?

그것은 사용자가 직접 자신의 게임을 창조할 수 있다는 것이에요. 로블록스는 자

로블록스 이미지.

체 제작 엔진인 로블록스 스튜디오를 통해 자신의 개성을 살린 게임을 만들 수 있도록 지원하고 있어요. 이를 통해 게임의 유저가 직접 자신만의 게임을 창조할 수 있는 환경은 아주 신나고 재미나는 일이 되었답니다.

그 대표적인 예로 최근 세계적인 관심을 받았던 넷플릭스의 드라마 〈오징어 게임〉을 들 수 있어요. 〈오징어 게임〉에 등장하는 다양한 놀이들은 아주 단순하지만 스토리 전달에 있어 중요한 역할을 했던 소재였어요.

로블록스 크리에이터(창작자)들은 드라마 〈오징어 게임〉을 패러디하기 시작했어요. 순식간에 인터넷 포털에는 로블록스 〈오징어 게임〉이라는 이름으로 수많은 크리에이터들의 창의적인 게임이 재현되기 시작했고 1억 번 이상 플레이 되었을 만큼 최고의 인기를 누리고 있다고 해요.

이처럼 게임 메타버스 플랫폼의 사용자들이 직접 참여하여 서로 공유하고 게임을 즐길 수 있는 오픈 월드 형식으로 운영해 나간 것이 유저들에게는 큰 재미를 선사했답니다.

이런 환경 속에서 메타버스 게임 플랫폼 맵에 게임을 만들어 수익을 창출하는 게임 개발자가 점점 늘고 있답니다.

로블록스에서 만들어지는 게임들은 누구나 만들 수 있기 때문에 전문적이고 세련되지는 않지만 독특함과 창의적인 점에서는 주목할 만한 게임들이 많다고 평가받고 있어요.

로블록스에서는 캐릭터를 키워나가는 RPG$^{Role-Playing\ Game}$ 게임, 펫 육성 게임, 슈팅 게임, 레이싱 게임, 배틀로얄 게임 등 다양한 형태의 게임을 만나 볼 수 있어요.

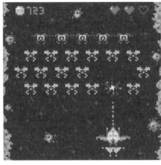

로블록스에서는 RPG 게임, 펫 육성 게임, 슈팅 게임, 배틀로얄 게임 등 다양한 게임을 직접 만들거나 즐길 수 있어요.

그리고 로블록스에서는 아이템을 구입할 수 있는 로벅스라는 화폐가 유통되고 있어요. 게임을 만들어 로벅스를 현금화한 유저 중 높은 매출을 기록한 게임 개발자도 약 300명이 넘는다고 하니 그 인기를 실감할 수 있습니다.

게임 세계에서 통하는 화폐가 따로 있어요.

전문가가 되려면 이렇게 준비해 보세요

일반적으로 게임 개발자 하면 게임 엔진 개발자나 컴퓨터 프로그래머를 상상하기 쉬워요. 게임 프로그래머가 되기 위해서는 C언어나 파이썬 등 컴퓨터 언어와 코딩을 기본으로 배워야 해요.

하지만 게임 제작은 프로그래머 혼자서 할 수 없는 일이에요. 컴퓨터 게임은 제작자, 총감독, 캐릭터 디자이너, 프로그래머, 스토리 작가, 사운드 크리에이터, 컴퓨터 그래픽 디자이너 등 다양한 분야의 전문가들이 모여 협업을 해야 완성될 수 있답니다.

게임 제작.

그런데 메타버스는 좀 달라요. 메타버스 게임 플랫폼 내에서는 자신의 월드나 맵을 만들고 게임을 만드는 일이 생각보다 어렵지 않아요.

왜냐하면 각 플랫폼에서 제공하는 게임 엔진에 따라 제작하면 되기 때문에 코딩이나 컴퓨터 언어를 잘 몰라도 누구라도 게임을 만들 수가 있다는 것은 큰 장점이에요. 물론 코딩이나 컴퓨터 언어를 배워두면 더 좋은 게임을 만들 수 있기 때문에 훨씬 경쟁력이 크답니다.

메타버스 플랫폼 안에서 게임을 개발하는 개발자는 기획자이자 프로그래머이며, 스토리 작가이자 디자이너의 역할을 해요. 이것이 가능한 이유는 게임 플랫폼이라는 가상의 세계가 이미 구축되어 있기 때문이랍니다.

  만약 여러분이 게임을 만들기 위해서 게임회사를 차린다고 생각해 보세요. 엄청난 돈과 인원이 필요하겠지요.

  하지만 오픈월드 방식의 메타버스 게임 플랫폼은 여러분이 게임을 만드는 데 필요한 프로그램 엔진과 캐릭터 디자이너, 음악, 그래픽 디자이너 등 협업에 필요한 인공지능 직원을 제공해 주고 있어요. 이처럼 메타버스 게임 플랫폼은 개인 유저를 위해 준비된 상태이기 때문에 개인이 게임을 제작하는 데 필요한 기술과 그래픽 부분에서는 상대적으로 접근하기 쉬운 환경이 제공돼요.

  그러다 보니 누구나 참여할 수 있어 게임 개발자에게 더 중요해진 경쟁력은 창의적인 아이디어와 게임을 이용하는 사람이 원하는 방향 그리고 이해와 공감이랍니다.

  사람에 대한 이해는 매우 어려운 분야예요. 시대 분위기, 환경, 감정, 욕망 등 다양한 인간의 심리와 사회적인 상황이 모여 만들어지기 때문이지요.

인간의 마음을 이해하는 일은 인문학적 소양이 밑받침 되어야 가능한 일이에요. 특히 미래 메타버스 플랫폼들은 인간의 삶이 그대로 반영되어 만들어지는 세상이 될 것이기 때문에 인문사회적인 이해가 매우 필요해요.

게임의 장르는 다양하며 어떤 의도를 가지고 만들어지느냐에 따라 가족의 화합이나 친구들 간의 친목을 도모할 수도 있고 게임 중독이라는 나쁜 상황에 빠질 수도 있어요. 그래서 게임 개발자는 자신이 게임을 만들고 싶은 목적이 무엇인지 잘 생각하고 게임으로 인해 발생할 수 있는 문제로는 어떤 것이 있는지 고민하며 사람들에게 미치는 영향 등 다방면에 걸친 문제들을 고려하면서 게임을 만들어야 해요. 이때 큰 도구가 되어주는 것이 철학적 사고랍니다. 기업에서 철학과 인문학 붐이 일어나고 있는 이유이니 여러분도 꼭 이 부분을 기억하고 꾸준한 독서를 실천해 보세요. 여러분의 큰 자산이 되어 줄 것입니다.

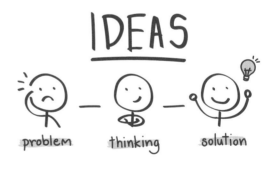

메타버스 콘텐츠 크리에이터

여러분은 '유튜브 크리에이터'라는 직업을 아시나요? 유튜브 크리에이터는 다양한 분야에 대한 정보나 볼거리를 영상으로 제작하여 유튜브 플랫폼을 통해 공유하고 수익을 내는 창작자를 말해요.

사실 유튜버가 직업으로 알려지게 된 것은 얼마 되지 않은 일이에요.

그런데 벌써 우리는 '메타버스 크리에이터'라는 새로운 직업을 말하는 시대가 되었어요. 그만큼 컴퓨터 환경과 사회발전 속도가

유튜버의 종류는 매우 다양해요.

초고속으로 빨라지고 있다는 증거
겠지요.

　이렇게 급격하게 변화가 시작된
가장 큰 이유는 코로나 19 때문이
라고 해요. 전혀 상상도 못한 일이
갑자기 발생해 전 세계를 충격에
빠뜨리게 된 것이지요.

　사람들은 비대면이라는 어려움을 극복하기 위해 많은 노력을 했어요. 이에
대한 노력으로 급부상한 것이 메타버스 플랫폼이었고 지금 우리는 메타버스
플랫폼 안에서 즐겁게 소통하고 놀며 수많은 콘텐츠를 생산해내는 시대를
살기 시작했어요.

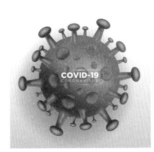 

학교에 가지 못하고 화상 강의를 듣게 되었어요.

　'메타버스 콘텐츠 크리에이터'는 메타버스 플랫폼 안에서 홍보, 쇼핑, 영
화, 드라마, 웹소설, 음악, 공연, 게임, 캐릭터 등 다양한 영상, 음악, 문자, 부
호, 이미지로 된 콘텐츠를 기획, 창작한 후 제공하여 수익을 내는 사람을 말

해요.

'유튜브 크리에이터'와 '메타버스 콘텐츠 크리에이터'는 비슷한 듯하지만 다른 점이 있어요.

먼저 창작물과 아이템에 대해서는 블록체인 기반의 NFT(대체불가토큰)를 통해 인증을 받고 소유권이 인정되기도 한다는 점이에요. 메타버스 플랫폼 안에서 생산되는 다양한 콘텐츠와 아이템에서 발생한 수익 또한 현금으로 교환 가능하여 현실에서 사용 가능한 수익으로 바꿀 수 있어요.

두 번째는 자신을 대신한 아바타를 이용해 콘텐츠를 생산해 낸다는 것이에요. 즉 메타버스 안에서 나의 아바타는 모든 콘텐츠를 만들어내는 나라는 창작자를 대신하는 것과 같아요.

예를 들면 SK텔레콤의 메타버스 플랫폼인 이프랜드는 참여형 웹 드라마 〈만약의 땅〉을 2021년 11월 출시했어요.

〈만약의 땅〉에서는 자신의 아바타로 직접 드라마에 출연해 배우나, 스텝, 엑스트라로 참여해 볼 수 있어요. 실제 드라마 촬영 현장처럼 엑스트라로 참여하기 위해서는 오디션도 봐야 해요. 매우 흥미로운 이야기지요.

이것은 시작에 불과해요. 앞으로 자신이 직접 기획하고 대본을 쓴 드라마나 영화가 메타버스 플랫폼 안에서 콘텐츠로 인기를 누릴 수 있는 날이 멀지 않았다고 해요. 현재 세계 최대의 소셜 메타버스 플랫폼인 네이버 Z의 제페토 플랫폼에서는 웹소설을 기반으로 한 다양한 웹 드라마들이 제작되고 유튜브를 통해 큰 인기를 끌고 있거든요.

웹 드라마는 메타버스 플랫폼이 시작돼서 새롭게 등장한 콘텐츠로, 블로그나 포털에 문자로 업로드된 웹소설을 아바타가 배우가 되어 드라마처럼 연출하여 제작하는 콘텐츠예요. 이 웹 드라마는 기존의 웹소설이나 웹툰과는 다른 또 다른 즐거움을 주고 있어요.

웹 드라마를 제작하는 크리에이터는 직접 각본, 아바타 배우 설정, 스토리 등을 만들어야 하기 때문에 웹소설과는 다른 기획력을 요구한답니다.

아직은 10대 위주의 학원물이 대세를 이루고 있지만 메타버스 플랫폼이 발전할수록 더 다양한 장르의 작품이 나올 것으로 기대되는 분야에요.

또한 AR이나 VR 기기와 연결이 되어 몰입감과 실감 영상이 재현되면 메타버스 콘텐츠는 상상을 뛰어넘는 파급력을 갖게 될 것으로 예상되고 있어요.

이렇듯 메타버스 콘텐츠는 크리에이터의 창작 능력과 영향력에 따라 무한히 넓어질 수 있는 분야로 광고, 마케팅, 국가기관, 기업, 교육기관 등 사회 전 분야에 걸쳐 관심이 집중되고 있어 전망이 밝아요.

전문가가 되려면 이렇게 준비해 보세요

콘텐츠의 종류는 문자, 그림, 동영상, 음악, 소리 등 매우 다양해요. 컴퓨터 시대가 열리면서 활자나 음성, 종이, 그림으로 전해지던 콘텐츠는 디지털 콘텐츠로 바뀌게 되었어요.

디지털 콘텐츠 크리에이터들은 컴퓨터 그래픽, 영상편집, 촬영기법, 포토샵 등 그림, 문자, 캐릭터, 동영상 등의 디지털 콘텐츠를 다루기 위한 다양한 기술을 익혀야 했어요.

이제 이 디지털 기술들이 메타버스라는 3차원 플랫폼으로 옮겨지면서 메타버스 크리에이터들은 3D 모델링, 3D 캐드, 모션 캡쳐. 인공지능을 이용한 콘텐츠를 창작하기 위한 기술 습득 단계로 접어들고 있지요.

예를 들자면, 컴퓨터가 생기기 전에는 붓과 물감으로 종이 위에 그림을 그렸지만 컴퓨터가 생기면서부터는 포토샵이나 일러스트 등 컴퓨터 그래픽을 도구를 이용하여 그림을 그리게 되었고 메타버스 세계가 열리면서 2D 평면에서 3D 입체로 콘텐츠를 표현하는 시대로 변하게 된 것이지요.

콘텐츠 크리에이터는 어떤 분야로 진출할 것인지에 따라 준비방법이 다르지만 반드시 관련전공을 해야 하는 것은 아니에요.

아바타 캐릭터나 게임 캐릭터, 아바타 아이템 등의 크리에이터를 꿈꾼다면 마야, 3DS MAX, 지브러시, 블렌더 등 다양한 3D 모델링 관련 소프트웨어를 배워두면 큰 도움이 돼요.

메타버스 웹 드라마나, 영화 등 영상콘텐츠 관련 크리에이터가 되고 싶다면 연극, 연출, 영상편집, 시나리오, 카메라 기법, 조명 등의 관련 전공을 하면 유리할 수 있어요.

이밖에도 메타버스 광고, 홍보, 마케팅 관련 크리에이터가 되고 싶다면 광고, 홍보, 경영, 마케팅에 대한 기본적인 공부와 경험을 쌓으면 좋아요.

하지만 메타버스 플랫폼의 최대 장점은 꼭 전문적인 능력이 없더라도 누구라도 쉽게 접근해 볼 수 있다는 것이지요.

아바타 아이템을 디자인하는 크리에이터를 꿈꾼다면 지금 바로 아바타 옷을 디자인하여 제페토에 올려 보세요. 아직은 서툴더라도 반복적인 연습을 통한 경험이 매우 중요한 공부가 될 수 있답니다.

메타버스 안에서는 개인이 창작활동을 할 수 있도록 다양한 준비가 되어 있어요.

메타버스는 기술보다 아이디어와 창의력이 더 중요한 플랫폼이에요. 기술적인 분야는 각 플랫폼들에서 제공하는 잘 짜여진 기술 엔진들을 통해 실현 가능하므로 누구나 접근 가능한 세계에서 살아남기 위해서는 열정과 노력이 중요하답니다. 그래서 정말 자신이 좋아하고 관심 있는 분야가 무엇인지를 찾아보는게 먼저 해야 할 일이에요.

유튜버로 큰 돈을 벌었다는 사람들이 나오면서 수많은 사람들이 나도 유튜버나 돼 볼까? 하고 동영상 콘텐츠를 올리기 시작했지만 유튜버로 수익을 내는 일은 쉽지 않아요.

유튜브에서 이름을 알리는 사람은 진짜 자신이 좋아하고 끈기 있게 오래 할 수 있는 분야를 개척한 사람들이에요.

메타버스 세계도 이와 같은 원리가 적용돼요. 메타버스 플랫폼을 통해 콘텐츠 크리에이터라는 직업을 가지고 활동하기 위해서는 자신이 만들어 보여주고 싶은 콘텐츠가 과연 무엇인지, 끈기 있게 배우며 열정을 가지고 할 수 있는 분야가 무엇인지를 찾는 것이 가장 기본이며 매우 중요하다는 것을 잊지 말아야 해요.

메타버스 데이터 마케터

매타버스 데이터 마케터는 매우 생소한 직업처럼 들릴 거예요. 하지만 데이터 마케터라는 직업은 빅데이터와 함께 성장하고 있는 직업 중 하나에요. 현재 우리가 살고 있는 세상은 데이터가 매우 중요하답니다.

데이터 마케팅.

인터넷이 발달하고 스마트폰이 보급되면서 우리의 일상생활은 모든 것이 데이터로 저장되고 있어요. 이렇게 저장된 데이터의 규모는 어마어마하며 갈수록 더 거대해지고 있어요. 그리고 이 자료들은 빅데이터라는 이름으로 취합되고 분석됩니다.

빅데이터는 많은 분야에 적용되고 있지만 특히 기업마케팅과 공공서비스 분야에 중요한 역할을 해서 사람들은 석유의 자리를 대체하는 미래 사회의 핵심 재산이라고 평가해요.

한 가지 예를 들어 볼까요? 미국의 인터넷 쇼핑 플랫폼인 아마존닷컴은 전 세계에서 가장 성공한 인터넷 쇼핑몰이에요.

인터넷을 이용해 아마존닷컴에 들어가 올라온 상품들 중에서 원하는 물품을 주문하면 택배로 배송이 돼요.

그래서 많은 사람들이 아마존닷컴을 쇼핑 물류회사로 알고 있지만 실제 아마존닷컴은 거대한 빅데이터 기업이라고 할 수 있어요. 전 세계 소비자들의 데이터가 다 모여 있는 곳이기 때문이지요.

아마존닷컴은 어떤 연령층의 사람들이 언제 무엇을 사는지, 사람들이 계절별로 가장 많이 구매하

빅데이터는 이용하고 싶은 업체에 따라 원하는 데이터를 제공할 수 있어 가치가 매우 높아요.

는 물건이 무엇인지, 특정 지역에서 어떤 제품이 잘 나가는지 등과 같은 소비자들의 소비패턴에 대한 정보를 가장 많이 가지고 있는 회사랍니다.

이런 빅데이터가 기반이 되어 소비자가 좋아할 제품을 미리 예측하여 소개하고 필요할 시기에 물류센터에 미리 배송해 놓는 일을 할 수 있지요.

데이터 마케터는 인터넷 쇼핑몰, SNS 서비스, 결제시스템, 포털 검색 등을 통해 소비자들의 데이터를 모으고 분석한 다음, 마케팅에 활용할 수 있는 의미 있는 정보를 찾아내어 마케팅 계획을 세우고 수행해 성과를 내는 것까지 총괄하는 사람을 말해요.

그리고 데이터 마케터는 메타버스라는 새로운 플랫폼들이 시작되면서 메타버스 데이터 마케터로 영역이 확장되고 있어요.

지난 2021년 11월 5일, 고용노동부가 주최하고 한국고용정보원이 주관한 '대한민국 신직업, 미래직업 아이디어공모전'에서 메타버스 데이터 마케터가 전망 높은 미래직업으로 최고상을 받았어요. 이제 우리의 모든 일상이 메타버

'대한민국 신직업, 미래 직업 아이디어공모전'

스 플랫폼이라는 가상 세계 안에서 펼쳐지게 될 것을 말해 주는 결과였지요.

사람이 모이는 곳에는 반드시 경제활동이 일어나며 경제활동에는 광고와 홍보는 필수가 된답니다. 그래서 메타버스 데이터 마케터는 메타버스 플랫폼이 발전해 갈수록 수요가 높아질 전망 있는 신직업으로 관심 받고 있어요.

전문가가 되려면 이렇게 준비해 보세요

메타버스 데이터 마케터가 되기 위해서 필요한 능력은 분석력과 뛰어난 관찰력이에요.

이러한 분석력과 관찰력은 하루아침에 만들어지는 것이 아니에요. 밥을 먹듯 조금씩 세상에 대한 관심과 다양한 경험, 독서 등을 통해 길러질 수 있어요.

현재 지구에서 벌어지는 모든 일과 놀이와 모임과 생활이 그대로 옮겨갈 것으로 예측되고 있는 메타버스이므로 다양한 분야에서 데이터 마케터가 필요해질것으로 예상돼요.

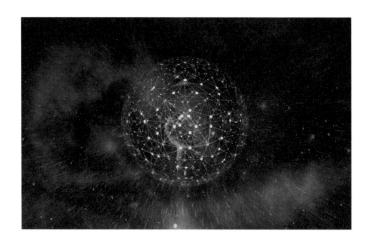

메타버스는 우리의 현실을 그대로 복사한 공간이면서 아바타를 통해 외모부터 직업까지 자신이 원하는 것을 구현할 수 있는 꿈의 공간이기도 하기 때문에 메타버스에서 발생하는 데이터는 아주 가치가 높을 것으로 보고 있어

요. 이와 같은 데이터를 분석하고 가치를 이용할 수 있도록 하는 데이터 마케터가 되려면 메타버스 속 아바타들 즉 그들의 본체인 우리의 삶과 사람의 마음을 이해하는 것이 매우 중요해요.

데이터 마케팅을 하는 이유는 소비자들이 원하는 것이 무엇인지 마음을 이해하고 잘 파악하여 홍보를 통해 광고한 제품의 매출을 상승시키기 위한 것이에요. 따라서 데이터 마케터는 자신의 능력을 발휘해 제품 광고를 성공시켜야 해요. 만약 좋은 성과가 나오지 않았다면 그 원인을 분석하여 새로 기획을 할 때 참고하는 것도 필요해요.

현재 가장 인기있는 인스타그램이나 블로그 등을 통한 제품 홍보 방식은 메타버스 세상에서는 통하지 않을 수도 있어요.

세계 명품 브랜드 구찌는 구찌빌라라는 매우 새로운 콘셉트의 매장을 메타버스에 입점시키면서 구찌 제품을 홍보하는 일보다 사람들이 구찌빌라에 놀러와 게임을 즐기듯 사진도 찍고 구경도 하게 만들었어요.

이것은 메타버스를 이용하는 유저들이 대부분 어린 10대라는 데이터를 기반으로 즐길 수 있는 공간을 먼저 제공하여 자연스럽게 구찌제품을 홍보하는 마케팅 전략이에요.

이와 같은 방법을 가능하게 하려면, 무엇보다도 메타버스 안에서 취합되는 다양한 데이터를 모아 얼마나 더 창의적인 아이디어로 기업을 홍보하고 제품을 광고할 수 있는가가 중요해요. 고객을 파악해 홍보전략을 세우는 것은 메타버스 데이터 마케터에게 무엇보다 중요한 역량이라 할 수 있겠지요.

그래서 메타버스 데이터 마케터에게는 경영학, 광고 홍보, 마케팅, 데이터 사이언스, 데이터 마케팅 등 관련학과를 통해 전문적인 공부를 하는 것도 필요해요.

하지만 전문적인 공부에 앞서 시시각각으로 변하는 사람의 마음을 먼저 이해하려는 깊은 통찰력과 열린 사고가 더 중요하겠죠?

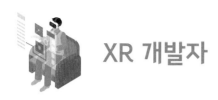

XR 개발자

XR$^{\text{EXtended Reality}}$(확장현실)이란 가상현실인 VR과 증강현실인 AR, 이 둘을 합친 MR$^{\text{Mixed Reality}}$ 기술의 장·단점을 보완하고 통합하여 만든 초실감형 기술을 아우르는 말이에요.

실감기술이란 현실처럼 느껴지게 만드는 AR, VR, 홀로그램 기술을 말해요. 예를 들자면 VR 장비를 통해 흥가체험을 한다든지, 우주선에 들어가 무중력 체험을 할 때, 실제 그 장소에 있는 것처럼 엄청난 공포와 무중력의 신기함을 현실처럼 느낀다면 어떨까요? 또 가상세계 속 물건이나 사물들을 손으로 잡을 수 있고 의도한 대로 움직일 수 있다면 아마도 이게 현실인지 가상세계인지 구분할 수 없는 지경에 이르게 될 거예요.

이렇듯 XR 시대가 온다는 것은 AR. VR, 홀로그램 기술의 영역이 따로따로 사용되는 것을 넘어 서로 보완하고 통합되어 사용될 수 있는 기술적 환경적 기반이 마련되고 있다는 뜻이기도 해요.

그래서 많은 개발자들이 AR과 VR, 홀로그램, MR 등 실감 현실을 만드는 데 필요한 모든 기술들을 XR이라는 통합되고 확장된 개념으로 바꾸어 사용하기로 했답니다.

홀로그램 활용 이미지.

XR 개발자는 이러한 초실감형 콘텐츠를 구현하기 위한 시스템을 만들고 XR 소프트웨어 제작과 모니터링, 유지 관리를 하는 사람이에요.

XR 개발자의 영역은 XR 앱, 게임 개발자, AR, VR 개발자, 시스템 엔지니어, XR 콘텐츠 개발자 등 다양하게 세분화되어 발전 가능성이 높은 직업군으로 꼽혀요.

XR의 X는 수학의 미지수를 뜻하는 것으로 XR 기술이 어떻게 응용되고 변화할지 알 수 없다는 의미예요. 이것은 XR 기술의 가능성이 무궁무진하다는 뜻이기도 하죠.

XR 기술이 발전하고 정교해질수록 현실과 구분되기 어려운 실감형 콘텐츠를 만들 수 있어요. 이것이 교육, 의료, 방송, 공연, 산업현장 등 사회 다양한 분야에 접목된다면 메타버스는 우리가 상상하는 것 이상으로 세상을 변화시켜나갈 거예요.

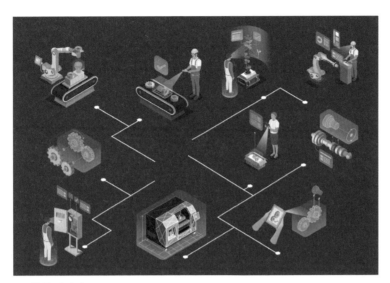

AR 활용 이미지.

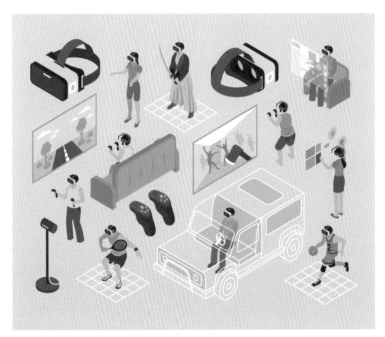

VR 활용 이미지.

따라서 메타버스 시대에 있어 XR 기술은 아주 중요하답니다. XR 기술이 얼마나 빨리 발전할 수 있는가에 따라 메타버스 시대로 진입하는 속도가 달라질 수 있어요.

XR 기술의 발전은 AR, VR 장비의 발전 속도와도 연결되어 있어요. 아무리 XR 소프트웨어가 발달한다고 해도 그것을 실현할 장비와 데이터를 감당할 수 있는 5G 환경이 만들어지지 않으면 소용이 없지요.

XR 시대를 실현하기 위해서는 5G 환경이 꼭 필요해요.

이런 이유로 XR의 기초가 되는 AR, VR 등의 장비 산업을 위한 세계 IT기업들의 경쟁이 시작되고 있었어요. 구글, 페이스북, 마이크로소프트, 애플과 같은 글로벌 기업들이 AR, VR 장비 개발에 많은 투자와 인력을 배치하고 있으며 확장 현실 기술을 목표로 장비를 개발 중인 대표적인 회사로는 마이크로소프트가 있어요.

마이크로소프트가 개발 중인 홀로렌즈는 평소에는 AR 글래스의 역할을 하지만 상황에 따라서는 VR 기능을 수행하는 XR 기술 기반의 장비랍니다.

또한 페이스북의 VR 장비인 오큘러스 퀘스트2는 출시되자마자 큰 인기를 누려 3개월만에 100만대 이상이 팔렸어요.

이것은 2010년 오큘러스가 처음 출시된 지 7년만에 거둔 성과로, XR 기술의 발전은 관련 기술과 함께 성장해야 한다는 걸 알 수 있지요.

우리나라는 이런 IT 환경이 다른 나라보다 상대적으로 잘 갖추어져 있어 XR 기술에 대한 관심이 점점 증가하고 있어요. 아직은 시작단계에 있지만, 디지털 가상세계가 현실감 있게 구현되는 메타버스 세상으로 가기 위해서 XR 개발자들에 대한 수요와 전망은 높아질 것으로 예상 중이에요.

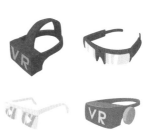

현재 개발 중인 다양한 형태의 홀로렌즈.

전문가가 되려면 이렇게 준비해 보세요

XR 개발자가 하는 일은 매우 다양하고 분야에 따라서 업무의 차이는 있을 수 있어요.

하지만 XR 시스템을 구축하고 다양한 콘텐츠를 만들기 위해서는 컴퓨터 프로그래밍과 코딩과 같은 기본적인 공부는 반드시 필요해요. 특히 XR 콘텐츠 개발에 관심이 있다면 유니티unity와 언리얼unreal과 같은 엔진을 다룰 줄 아는 것은 기본이랍니다.

유니티와 언리얼 프로그램은 현재 가장 많이 사용되고 있는 게임 엔진으로 3d 기반의 다양한 메타버스 플랫폼과 3d 애니메이션, VR, AR 게임, 방송·공연에 사용되는 VR 세트, 비디오 월, 인서트insert(삽입화면), 모션 그래픽 등을 구현할 수 있는 최고의 프로그램이에요.

관련학과로는 컴퓨터공학과, 컴퓨터 소프트웨어 학과, 가상증강현실 융합학과(남서울대,2021신설), 실감영상 콘텐츠학과(한국영상대학) 등이 있어요.

XR 기술과 XR 콘텐츠는 메타버스 시대를 이끌어갈 핵심적인 분야로 성장가능성이 무궁무진해요. 그와 더불어 관련 기술과 콘텐츠 개발을 위해 많은 인력이 필요한 분야로 꼽혀요. 특히 XR 콘텐츠는 창의력 넘치는 아이디어에 따라서 적용될 부분에 한계가 없는 만큼 개발자들의 역량이 매우 기대되는 분야이기도 하답니다.

메타버스는 또 하나의 지구인 만큼 XR 개발자 역시 인간에 대한 이해를 바탕으로 개발해야 해요. 이를 위한 인문학적 소양은 매우 기본적이고 필수적인 분야임을 언제나 기억하기를 바라요! 메타버스 세상은 인간의 삶과 연결된 디지털 세상이므로 언제나 인간의 삶을 이해하려는 노력이 선행되어야 한답니다.

앞으로 이 신세계의 주인공은 여러분이 될 거에요. 도전하는 마음으로 지금부터 차근차근 준비해 간다면 아주 멋진 메타버스 세상이 여러분의 손에서 탄생할 거예요.

2019
미래를 함께 할
새로운 직업

– 워크넷 직업진로정보서에서 발췌

워크넷(www.work.go.kr)에서는 앞으로의 직업 전망과 미래 직업 그리고 다양한 직업 관련 정보를 소개하고 있습니다. 자료실의 직업진로정보서에는 더 다양한 직업 관련 자료들을 소개하고 있으며 《십대를 위한 메타버스 진로 로드맵》에서는 2019 미래를 함께 할 새로운 직업 중 직업직종 소개만 발췌해서 소개했습니다. 워크넷에서 다양한 직업과 직업에 대한 소개를 더 자세하게 확인할 수 있습니다.

I 정부육성·지원 신직업

헬스케어 분야

유전체분석가

인간·동식물 등의 유전체 빅데이터 분석을 통해 질병 예방, 환자 맞춤형 의약품과 의료 서비스 개발

의료기기규제과학전문가

의료기기의 시판 전후에 필요한 의료기기 인허가, 시험검사, 신의료기술 평가 등 지속적 안전관리와 품질 유지

치매전문인력

치매환자와 가족에게 전문적인 환자 진료·요양 제공

치유농업사

농업 활동(식물 재배, 원예, 동물 매개 등)을 통한 정서적·기능적 치유, 재활 등의 서비스 제공

환경·여가 분야

냉매회수사

냉매의 적정 회수와 처리 업체 인계를 위한 전문 기술 인력

실내공기질관리사

어린이집, 지하철 등 다중이용시설의 실내 공기질 전문 관리와 컨설팅을 하는 전문 인력

동물보건사

동물병원 내에서 수의사 지도 아래 동물 간호 또는 진료 보조 업무 수행

정보수집·관리 분야

공인탐정

각종 위법행위와 사고 피해 확인, 행방불명자 소재 파악, 소송 증거 수집 등을 수행

개인정보보호전문관리자

개인정보의 안전한 활용과 이용자의 프라이버시 보호를 위한 기업의 개인정보 관리·감독, 모니터링, 자문 등을 하는 전문인력

Ⅱ 미래형 신직업

주거와 신기술이 만나는 **건축/도시재생/주택관리 분야**

스마트시티전문가

급격한 도시화로 발생하는 교통, 안전, 환경, 에너지, 복지 같은 많은 문제를 신속히 대응·예방하고 도시가 효율적으로 유지되도록 스마트시티를 설계하고 구축하며 운영한다.

매매주택연출가

집이 빨리, 높은 가격으로 판매될 수 있도록 가구를 재배치하고, 벽을 페인팅하거나 정리해 깔끔하게 보이도록 한다.

도시재생전문가

도시(혹은 마을)의 정체성(역사성, 문화성, 기존 거주자의 특성 등)을 보존하면서 거주민의 거주환경과 공동체로서의 삶의 질을 높일 수 있는 공간을 창조하고 기획한다.

복지주거환경코디네이터

배리어프리(Barrier Free) 주택의 신축이나 개축을 하고 싶은 고객을 상담하고, 케어매니저로부터 조언을 받거나 인테리어 업체에 의뢰를 한다.

BIM디자이너

건축 설계, 시공, 유지관리 단계에서 BIM 소프트웨어(시설물의 정보를 3차원으로 구현)를 활용해 더 안전하고 친환경적이며 경제적인 시설물을 구현한다.

그린빌딩인증평가전문가
(녹색건축전문가)

건물이나 주택의 에너지 효율성을 평가하고 에너지 효율성을 어떻게 높일 수 있는지 조언한다. 또 건축주가 제시한 각종 서류를 검토해 그린빌딩 인증 기준에 부합하는지 평가한다.

주택진단사(건물하자평가사)

부동산 거래 시, 해당 건축물(주로 주택)에 구조나 지붕, 벽, 냉난방과 배수시설 등에 문제점이 있는지를 조사하고 점검 해준다.

빈집코디네이터

빈집 대책 조언, 빈집 정보, 소유자 의향 파악 지원, 빈집 소유자에게 제안할 구체적인 활용 방법 작성 같은 빈집 문제 해결을 위해 활동한다.

건설원가관리사

건설 프로젝트 사업 예산을 작성하고, 프로젝트 소요 비용을 최소화하기 위한 체계적인 절차를 수립·운영한다.

아이의 바른 성장을 이끄는 **보육/교육 분야**

홈스쿨코디네이터

홈스쿨을 원하는 가정의 학생을 관리하고, 학생의 역량, 흥미, 발달 단계 등을 고려해 적절한 홈스쿨링 프로그램이나 커리큘럼을 제공한다.

창의트레이너

아이와 청소년의 창의력 계발을 장려하거나 적절한 여가 활동으로 노인과 장애인의 창의력 향상을 돕는다.

임신출산육아전문가

임신·출산과 관련한 각종 조언과 교육을 하는 전문가. 임신 계획, 출산 교육, 수면 컨설팅, 영양, 스트레스 관리, 추가 교육 추천, 산후 교육을 실시한다.

아동보호조사관

아동학대와 아동방임 같은 사건의 조사 업무를 수행한다. 조사 능력, 인터뷰 기술, 복잡한 정보를 추출하고 해석하는 능력, 공정한 판단력 등이 필요하다.

난독증학습장애지도사

유아, 청소년, 성인 가운데 난독증을 앓고 있는 사람을 대상으로 학습장애를 진단·검사하고 교육·훈련하며 부모, 관계자 등에게 조언한다.

아동진술분석관

아동 성폭력 사건에서 아동이나 부모와 면담을 통해 아동의 발달·심리 상태, 행동과 언어를 종합적으로 분석해 아동 진술의 신빙성 여부를 서류로 작성한다.

병원아동생활전문가

장기간 병원 치료를 받고 있는 아동의 공포와 불안감을 완화하는 정서적 지원을 한다. 아동 환자의 특성을 파악하고, 아동의 수술과 의료 절차에 따른 준비와 지원을 제공한다.

진로체험코디네이터

기업, 관공서 등에서 학생의 직업 체험 활동을 기획·조정·관리한다.

보조의사

진단, 치료, 예방, 보건서비스 같은 업무 수행을 위해 정식 훈련을 받은 후 의사에게 업무를 위임받아 병력을 조사한다. 검사, 실험실 연구, 엑스레이 판독, 진단, 약 처방, 상처 봉합과 깁스 같은 간단한 의학적 처치를 하고 부상을 치료한다.

보조약사

약사의 지도감독하에 약의 양과 무게 측정, 알약 계산, 처방 용기 선택, 병에 라벨 붙이기 같은 처방된 약 제조를 돕는다.

원격진료코디네이터

원격의료서비스를 효율적으로 전달하기 위해 진료, 교육, 연구와 기타 행정 분야에서 기획, 조정, 지원 업무를 한다.

유전학상담전문가

유전적 장애와 선천적 결함과 같은 다양한 선천적 조건에 대해 개인 또는 가족의 위험을 평가해 상담한다. 또 유전적 상태나 유전적 상담과 관련된 연구 수행을 돕기도 한다.

메디컬어드바이저

임상 개발 계획 시 과학적·의학적 지식을 제공하고 임상 개발팀과 함께 임상실험 준비, 전문 치료 분야의 의료 상담과 의사결정을 한다.

웰니스디자이너

고객에게 건강 증진의 3요소인 영양, 운동, 휴양을 기반으로 건강, 영양, 체중 외에도 생활 방식, 건강 위험 같은 균형 잡힌 라이프스타일을 지원·조언한다.

복지용구전문상담원

이용자의 신체 상태나 장애 상황에 맞는 복지 용구 선정 방법과 사용법을 조언한다.

제약의사

제약회사에서 연구, 교육, 학습(연구비 확보), 네트워킹, 서비스 등을 담당한다.

법의간호사/성폭력간호사

성폭력, 노인·아동학대, 가정폭력, 사망사건 등의 수사 과정에 참여해 법의학적 증거와 증언을 수집하고 피해자에게 상담과 치료를 제공한다.

환자비서

환자에게 질병의 원인과 치료 방법에 따른 정보를 제공하며, 건강보험 혜택을 받을 수 있는 방법을 찾아 알려주고 각종 행정 업무를 대행한다.

의료피부미용사

피부 문제를 가진 환자를 대상으로 의학적 치료 전후에 스킨케어를 제공한다.

치과간호조무사

치과의사의 지시에 따라 진료 시 보조, 주사 행위, 생체 활력 징후 측정 등을 실시한다.

질병역학조사원

감염병의 전파 경로를 추적해 추가 확산을 막는다. 환자가 경유했거나 발생한 의료기관을 방문해 의학적 지식을 토대로 감염 경로 등을 추적·분석하는 업무를 수행한다.

보건의료정보분석사

보건의료 데이터를 분석해 의료 동향 등을 파악하고 유의미한 정보를 생성하여 보고서 등을 작성한다.

뇌기능분석/뇌질환전문가

다양한 첨단 장비를 활용한 뇌 영상 촬영, 뇌 신경 정보처리 측정 등을 통해 뇌의 발달과 뇌질환(치매 등)에 대한 정보를 수집·분석해 원인을 규명하고 치료 기술을 연구한다.

줄기세포연구원

줄기세포의 해석과 기능 연구를 통해 줄기세포를 이용한 질병의 예방과 치료 기술을 개발하고 줄기세포를 이용한 신약개발, 생체 재생 기술 등을 연구한다.

의료기기규제과학전문가

의료기기제품 전(全) 주기에 필요한 법적·과학적 규제 기준에 의거해 국내외 적합성 인증(GMP)과 인허가, 임상시험 지원과 판매, 사후관리 업무를 담당한다.

메디컬라이터

의·약학 정보를 수집하고 정리해 대상이나 상황에 맞게 가공, 편집하고 정확하면서도 효율적으로 정보를 전달한다.

약물·알코올중독 전문가

약물·알코올중독자가 마약, 알코올, 기타 솔벤트 남용으로 생기는 문제를 해결하도록 상담·교육하며 재활을 지원한다.

의료관광경영상담사

의료관광 상품에 대해 관광객에게 맞춤형 상담 등 컨설팅을 한다.

치매전문관리사

요양병원 등 치매 관리기관에서 치매환자와 치매 가족을 대상으로 요양을 위한 사정·평가와 프로그램을 기획하며 관련 기관에 연계한다.

치매프로그램매니저

치매환자에게 삶의 동기를 부여하고 인지 증상의 진행을 억제하도록 지원하는 프로그램을 운영·지원한다.

케어매니저

환자나 노인의 요양을 전문적으로 수행하는 전문가. 수요자의 욕구를 통합적으로 판단, 제공하는 서비스를 총괄 조정한다.

일상의 모든 순간을 바꾸는 **첨단과학기술 분야**

빅데이터전문가

빅데이터 수집 · 저장과 처리, 플랫폼 개발, 분석으로 의미 있는 결과를 제공한다.

데이터거래중개인(데이터브로커)

데이터를 분석해 사업에 활용하고자 하는 수요자에게 적합한 데이터를 직접 판매하거나 데이터를 가진 공급자를 연결 해준다.

과학커뮤니케이터

학교, 과학관, 과학 전시 업체 등에서 다양한 콘텐츠와 전달 기법을 활용해 과학을 쉽고 정확히 설명한다.

감성인식기술전문가

인간의 여러 감성을 컴퓨터가 인식할 수 있는 유무선 센서기술과 감성 신호의 피드백에 따라 상황에 맞는 적절한 처리능력을 부여하는 기술을 개발한다.

인공지능전문가

컴퓨터나 로봇이 인간과 같이 사고하고 의사결정을 할 수 있도록 인공지능 알고리즘을 개발하거나 프로그램으로 구현하는 기술을 개발한다.

홀로그램전문가

홀로그램 기술 개발, 콘텐츠 기술 개발, 인간과 홀로그램 간감성적 교감을 가능케 하는 홀로그래픽 기술을 개발한다.

의료용로봇전문가

의료 현장에서 활동하는 지능형로봇인 수술보조로봇, 수술 시뮬레이터, 재활로봇, 간호로봇 등을 연구 · 개발한다.

인간공학기술자

인간과 기계에 관련한 이론, 원리, 데이터를 적용해 인간의 신체와 특성, 전체 시스템 수행성을 최적화하고자 제품, 시설과 환경을 설계하고 개발한다.

디지털헬스케어전문가

다양한 스마트기기와의 연계로 언제 어디서나 자신의 건강 상태를 측정할 수 있는 자가검진 시스템과 병원에서 이를 모니터링할 수 있는 원격의료(정보)시스템을 개발한다.

임상엔지니어

해부학, 생리학 같은 기초의학을 비롯해 공학, 의료기기 관련 지식을 바탕으로 의료기기의 연구, 개발, 품질 · 안전관리 등을 담당한다.

의료기기소프트웨어엔지니어

의료기기에 필요한 소프트웨어의 기획, 설계, 개발을 포함해 해당 제품의 인허가와 효과성 검증에 필요한 자료를 작성한다.

3D프린팅소재개발자

3D프린팅 출력 제품의 활용 용도에 따라 제품의 특성과 강도를 분석해 여러 재료를 조합, 장비에 맞는 새로운 재료를 개발한다.

사물인터넷기기보안인증심사원

사물인터넷(IoT) 기기의 보안 취약점을 개선하고 보안 사고를 사전에 예방하고자 제도화된 사물인터넷 기기 보안 기준에 따라 기기를 평가해 인증 여부를 심사한다.

3D질감전문가

3D 영상을 손으로 느낄 수 있도록 컴퓨터 그래픽 모델에 질감 표현 기술을 개발한다.

클라우드컴퓨팅보안개발자

인터넷 클라우드 환경에서 발생하는 보안 문제를 수집해 분석하고 대안을 개발한다.

전자코개발자

아주 예민한 부분의 냄새까지 탐지해 후각이 떨어지는 인간에게 알려주는 기기(전자코)를 개발한다. 전자코는 공항 보안 검색대, 마약 탐지, 식음료 품종 판별 같은 여러 용도로 활용된다.

로봇컨설턴트

공공기관과 민간기업 대상 전략 수립, 서비스 개발 지원, 일반 기업의 로봇산업 도입과 전환에 대해 컨설팅한다.

드론운항관리사

드론 운항의 잠재적 위험이나 운항 시 장애물을 분석하고 운항의 안정성을 확보할 수 있는 업무를 수행한다.

전기차정비원

전기자동차에 대한 지식과 기능을 가지고 배터리, 충전기, 인버터, 센서 같은 전기장치 성능 평가, 부품의 수리·교체를 한다.

로봇SI전문가

산업현장에 필요한 로봇의 선택과 응용프로그램 설계, 현장에 최적화하거나 통합하는 것을 지원한다.

가상현실개발자

3D모델링과 VRML 같은 기술을 이용해 가상의 시공간에서 자유로운 세계를 체험할 수 있도록 각종 응용 분야에 적용될 수 있는 가상의 시스템을 개발한다.

스마트의류개발자

의류에 디지털센서, 초소형 컴퓨터칩 등을 부착하는 식으로 각종 디지털 기능을 의류에 결합한 첨단 의류를 개발한다.

스마트도로설계자

외부 환경을 인지 · 판단해 자율주행 자동차의 효율적 운행과 안전을 지원하는 지능화된 스마트 도로를 계획 · 설계 · 관리한다.

로봇윤리학자

자동화된 시스템에서 기계나 컴퓨터 혹은 인공지능(AI)이 판단을 내려야 할 때 어떤 윤리 기준을 적용하는 것이 옳은지 연구하고 적용한다.

자율주행자동차개발자

첨단 센서, 그래픽 기술, 3D카메라, 레이더 같은 기기를 활용해 주변과 교통 상황을 정확히 판단해 운전자가 조작하지 않아도 스스로 주행하는 자동차를 개발한다.

스마트팩토리설계자

공장의 특성, 생산 제품, 공정을 고려해 정보통신기술(ICT), 인공지능, 사물인터넷 같은 스마트 기술 적용으로 공장 상황을 분석하고, 분석 결과를 토대로 스스로 공정을 연계하고 제어하는 스마트팩토리를 설계하는 일을 한다.

스마트팩토리코디네이터

제조 현장의 경쟁력 제고를 위해 중소 · 중견기업을 대상으로 국내 현실에 적합한 다양한 형태의 스마트팩토리 도입을 지원한다.

로보어드바이저개발자

활용 가능한 금융 정보, 고객의 투자 성향 정보 같은 분석 알고리즘을 개발하고, 고객의 자산운용을 자문 · 관리해주는 자동화 서비스를 개발 · 제공한다.

블록체인시스템개발자

거래 데이터를 중앙에서 보관하는 것이 아닌 거래 참여자들 과의 합의로 분산 저장해나가는 기술을 개발해 안전한 거래가 가능한 시스템 환경을 개발 · 구축한다.

빅데이터플랫폼개발자

빅데이터의 범위와 용도, 용량, 저장 공간, 처리 속도 등을 고려해 빅데이터를 처리 · 분석하고 지식을 추출함으로써 가치 있는 정보를 제공하는 IT환경(시스템)을 설계 · 기획 · 구축한다.

사이버포렌식전문가

사이버범죄 증거 확보를 위해 디지털기기를 복구 · 분석해 법정 증거 제출을 위한 보고서를 작성한다.

또 하나의 가족을 위한 **동물 분야**

반려동물장의사

사고, 질병 같은 여러 가지 사유로 죽은 반려동물을 보호자가 원하는 방식으로 화장하거나 동물 공동묘지에 매장하는 장례를 치러준다.

반려동물행동상담원

반려동물의 통제와 문제적 행동을 교정하고 보호자에게 조언한다.

반려동물사별애도상담원

반려동물이 세상을 떠난 뒤 심리적 고통을 느끼는 이들의 마음속 이야기를 끌어내어 상처를 치유하도록 돕는다.

동물매개치유사

몸과 마음에 상처가 있는 사람이 개, 고양이, 말, 새, 돌고래 같은 동물과 상호작용으로 정신적·신체적·사회적 기능을 회복하고 심신을 회복할 수 있도록 돕는다.

동물물리치료전문가

물리치료 기술을 동물에게 적용시켜 동물의 근육 기능과 가동성을 높임으로써 통증을 줄인다. 또 수술 전과 후의 회복을 돕는 치료와 비만, 노화와 퇴행성 질환의 예방을 돕는 업무를 수행한다.

재활승마지도사

신체적·정신적으로 어려움이 있는 사람을 대상으로 승마 활동을 지도하기 위해 재활승마의 계획, 운영, 관리, 평가 등을 수행한다.

동물변호사

동물 간 다툼으로 인한 소송, 동물 학대 사건 처리, 동물이 인간에게 가한 상해 소송 등과 관련된 업무를 진행하거나 동물과 관련된 법률 자문을 실시한다.

애견산책도우미

고객이 의뢰한 반려동물을 산책시켜 신체적·정서적으로 건강하도록 돕는다.

동물초음파진단사

초음파를 사용해 한우 등의 현재 육질 상태를 진단하고 돼지를 비롯한 동물의 임신 상태를 파악해 축산농가의 생산성 향상에 기여한다.

탄소배출권중개인

탄소시장에서 탄소배출권을 팔거나 사려고
하는 국가나 기업 간의 거래를 주선한다.

가정에코컨설턴트

환경을 보존하고 에너지를 줄이고자 하는
가정을 대상으로 에너지 낭비 요소를 파악
해 절감 방법을 조언한다.

기상감정사

기온·습도·기압, 강우량, 풍향·풍속, 안
개, 결빙 같은 기상현상을 기술하고 어떠한
기상현상에 의하여 어떠한 피해가 어느 정
도 발생했는지, 또는 사건에 어떠한 영향을
미쳤는지 기상학적 관점에서 판단해 감정
한다.

에너지절감시설원

주택을 중심으로 벽체 균열 보강, 창문과 문
교체, 바람막이 설치, 보일러 교체, 난방시
스템 점검과 전기 관련 테스트를 하고 주택
에너지 효율화를 위해 집을 개축한다.

그린장례지도사

친환경 서비스를 원하는 고객을 대상으로
환경친환적인 장례 서비스를 제공한다.

온실가스관리컨설턴트

운송장비, 생산설비, 연소 설비 등에서 배출
되는 주요 온실 가스의 조사·분석을 통해
온실가스의 특성에 따른 화학적·물리적 처
리 방법의 적용 가능성과 타당성을 검토해
적합한 처리 방식을 적용한다.

기후변화전문가

불필요하게 발생하는 온실가스의 배출을 줄
이기 위해 온실 가스 배출량 측정 시스템을
개발하고, 기후변화나 지속적인 에너지 문
제에 대해 기업의 전략 수립에 도움을 준다.

리사이클링코디네이터

지방정부나 민간기업을 위해 재활용품 수집
방법과 재활용 집하 방식의 재활용 프로그
램을 감독하며, 리사이클링센터에서 리사이
클링기술공이나 트럭운전원에게 업무를 할
당한다.

오염지재개발전문가

오염 부지의 측정과 정밀 조사를 수행하는
일에서부터 오염부지 정화에 관한 계획 수
립과 시공업체 선정, 시공관리에 이르기까
지 일련의 일을 담당한다.

기업재난관리자

위험평가, 사업 영향 분석, 전략 선택, 재난 복구 절차 같은 사업의 연속성, 재난 복구 전략과 해결책을 개발·유지하며 교육훈련을 수행한다.

방재전문가

자연재해, 전쟁, 기술적 재난 또는 인질 같은 재난관리 활동을 조정하고 재난 활동에 대한 준비 훈련을 제공한다. 각종 재난에 대응하는 계획을 수립하고 절차를 마련한다.

원전시설해체전문가

원자력발전소 주변 환경이 방사능으로 오염되지 않도록 관련 기술을 이용해 해체한다.

공간정보분석가

다차원 환경의 정보 수집 개념에서 공간 정보를 수집하고 이를 통해 국가 중요 시설의 테러에 따른 위험 가능성, 회피 방법을 예측한다.

범죄예방환경전문가

셉테드(환경설계를 통한 범죄 예방 건축설계 기법) 사업 적용 대상지의 범죄와 무질서에 대한 자료수집을 하고, 범죄 예방을 위한 건축물 또는 시설과 공간 같은 물리적 환경을 설계한다.

안전작업승인전문가

산업현장 구역에서 안전하게 작업이 가능한지 승인하는 일을 한다. 그 외에 작업자 교육 같은 업무를 수행한다.

국제환경규제대응코디네이터

기업의 지속가능경영을 실현하고 국제적 경쟁력을 가질 수 있도록 국제환경규제 대응을 위한 전반적인 사항을 진단하고 컨설팅한다.

에너지효율측정과 검증전문가

에너지 절약형 시설 설치 후 에너지 절약량을 측정·검증한다.

층간소음관리자

각 가정을 방문해 층간소음을 측정하고 층간소음과 관련한민원 상담과 해결, 갈등 중재 등을 담당한다.

이산화탄소포집저장기술자

이산화탄소 발생원으로부터 포집한 가스를 압축하고 수송 과정을 거쳐 육상 또는 해양 지중에 저장한다. 혹은 유용한 물질로 전환하는 과정을 설계·실행한다.

IoT물관리시스템전문가

사물인터넷(IoT)을 활용해 물환경 관리를 하는 전문가로 수질 환경 관련 정보수집과 분석, 네트워크를 통한 최적의 물 자원 제어과 자동화시스템을 운영·관리한다.

기업과 소상공인을 응원하는 **사업서비스 분야**

협동조합코디네이터

협동조합을 결성하고자 하는 이들에게 조합 결성 후 생길 수 있는 혜택과 지원 내용을 상담하고, 경영노하우, 협동조합 형성과 운영을 지원한다.

원산지관리사

수출입 기업 내에서 원산지 관리시스템을 활용해 발효된 모든 FTA를 고려하여 가장 효율적인 최적의 수출입선을 선정 한다. 또한 각 FTA 협정에 맞는 원산지증명서 발급에 따른 제반 업무를 수행한다.

분쟁조정사

정부기관이나 민간단체 또는 주민에게 분쟁 발생 시 이를 전문적으로 조정하고 해결해주는 갈등 관리자 역할을 수행한다.

기업컨시어지

회사에 근무하는 동안 임직원이 업무에 전념할 수 있도록 관공서 증명서 발급 대행 업무, 공과금 입금, 개인 쇼핑 같은 개인의 사생활 중 일부 업무를 대행한다.

신사업아이디어컨설턴트

시대의 흐름과 변화를 예측하고 소비자의 경향을 탐구해 새로운 사업 아이디어나 모델을 발굴하는 식으로 고객의 요구에 맞춰 신사업 아이디어를 컨설팅한다.

산업카운슬러

심리학적 기법을 이용해 기업 내에서 일하는 사람이 안고 있는 문제를 해결할 수 있도록 상담하고 지원한다.

지속가능경영전문가

환경친화적이고 지속적인 기업경영을 위한 사업을 계획하고 실천할 수 있도록 관리 · 감독하고 컨설팅한다.

직무능력평가사

한 개인이 특정 산업이나 직업에서 요구되는 직무를 수행할 수 있는지를 평가하고 그 증빙 자료를 수집하는 역할을 수행한다.

의약품물류전문가

약품 유통에 따른 기업의 물류, 재고 비용을 감소시킬 수 있는 전문적인 솔루션을 개발·적용한다.

크라우드펀딩매니저

크라우드펀딩 전반에 대한 지식과 성공에 필요한 전략을 이해해 크라우드펀딩이 필요한 스타트업(신생 벤처기업)을 컨설팅한다.

친환경놀이터설계기술자

놀이터의 친환경성과 안정성, 기능성을 고려해 놀이기구의 종류와 배치를 설계한다.

상품/공간스토리텔러

상품 판매를 촉진하고자 스토리텔링 기법을 적용하거나 공간에 이야기를 더해 다양한 사람이 함께 나눌 수 있는 의미를 창조하고 궁극적으로 공간의 브랜드 가치를 높인다.

사회적기업컨설턴트

사회적기업이 사회문제를 해결하면서 지속 성장이 가능하도록 지도하고 진단 · 분석 · 처방 · 조언한다.

공유경제컨설턴트

공유경제를 실현할 아이템을 발굴하고 이를 토대로 공유경제 비즈니스 모델을 개발해 실행하거나, 공유경제 비즈니스 모델에 관한 컨설팅과 강의를 한다.

생산성카운슬러

시간을 효율적으로 활용할 수 있도록 컨설팅하고, 생산성 향상을 통해 일하는 사람의 건강을 증진시키고 제대로 된 경력 쌓기도 돕는다.

기업비밀보호전문가

영업비밀 유출을 방지하기 위하여 기업을 찾아가 영업비밀 유출과 관련한 현 상태를 점검해주고 기밀 유출을 막기 위한 조언을 한다.

칩리사이클링전문가

폐기되어 재활용되는 칩, 인쇄회로기판과 폐전기 · 전자제품 등을 거래 시 칩의 재사용 가능성 여부를 검사한다. 또한 유가금속의 가치를 조사 · 평가하는 일을 한다.

중고자동차사정사

중고자동차 평가 업무를 담당한다. 소비자에게는 일종의 자산인 중고차의 가치를 산정하며, 중고차 판매점의 입장에서는 매물 가격을 평가한다.

자동차튜닝엔지니어

자동차 기능을 향상시키거나 형태를 변화시키기 위해 합법적 범위 내에서 자동차를 개조한다.

테크니컬커뮤니케이터(기술문서작성가)

전자 · 전기, 소프트웨어, 반도체, 시스템 등과 관련된 기술문서를 쉽게 작성해 소프트웨어나 첨단 제품 관련 엔지니어 간의 효율적 의사소통을 돕는다.

위기관리전문가

전사적 차원에서 조직의 위기를 확인하고, 측정하며 관련된 의사결정을 함으로써 위기관리와 관련된 이슈들을 분석하고 관리한다.

할랄인증컨설턴트

할랄 인증을 받고자 하는 기업, 품목 등에 대해 할랄 인증 관련 절차를 컨설팅해주고 할랄 인증 취득에 필요한 사항을 자문해준다.

사업거래중개인

M&A 대상 기업이나 사업의 가치를 평가해 적정가격을 책정하고 투자 안내서 작성, 매수자 탐색과 자격 검토, 가격 협상 등에 대해 전반적 자문 서비스를 제공한다.

공공조달지도사

조달 기업을 대상으로 조달 컨설팅 제공, 해외 조달 시장 진출 지원, 조달업무 위탁 대행을 수행한다.

메이커스랩코디네이터(창작공방운영자)

창작 공방과 같은 곳에서 안전교육, 장비 사용법과 유지관리법을 알려주며 디자인과 관련해 방문객에게 컨설팅을 제공하고 교육 프로그램을 개발한다.

폐업전문컨설턴트

창업 실패자를 대상으로 손실을 최소화할 수 있도록 돕고, 폐업 자산을 활용해 저렴하게 창업하거나 취업할 수 있도록 조언한다.

공공정책감리사

정부기관, 정부투자기관, 지방자치단체에서 수립되어 추진하는 정책이나 사업에 대해 과학적이고 전문적인 추진 현황을 분석한다.

스마트오피스컨설턴트

빠른 변화에 대응하고 창의성을 발휘할 수 있는 업무 환경을 만들고자 시간 · 공간 · 프로세스 같은 일하는 방식의 낭비 요소를 제거하기 위해 컨설팅한다.

성평등전문가

양성평등과 관련해 각 예산이 남녀 성별에 미치는 영향을 분석하고 평가하며, 성인지 예산서와 결산서 작성 관련 컨설팅 업무를 한다.

수학코디네이터

산업현장에서 필요로 하는 문제를 수학적 지식과 방법으로 해결하기 위해 수학자와 기업 간의 연결자 역할을 한다.

소규모전력거래사업자

태양광 등 소비자가 생산한 소규모 생산 전력을 매매하는 집단을 대상으로 전력 거래를 중개한다.

채소소믈리에

채소와 과일 맛을 감별하고 다양한 지식을 알려주는 전문가. 관련 지식을 습득해 채소와 과일의 맛과 매력을 이해하고 전달한다.

일상의 행복지수를 높이는 **개인서비스 분야**

문신아티스트

타투 디자인을 하거나 신체에 타투 작업을
한다.

주변환경정리전문가

고객의 의뢰에 따라 간단한 정리 정돈에서
부터 디자인이나 설치, 가구 배치 등을 통해
능률적으로 일할 수 있도록 작업 환경을 만
들고 주변을 정리한다.

이혼플래너

이혼을 앞둔 부부에게 이혼에 필요한 절차
를 대행해주며 이혼으로 발생할 수 있는 경
제적·정서적 문제를 조언한다.

영유아안전장치설치원

가정을 방문해 가구, 문, 냉장고 등에서 영
유아에게 위험한 요소를 제거해주고, 필요
한 시설물을 설치한다.

재능기부코디네이터

재능 기부자와 재능 수혜자를 연결하는 세
부 활동을 기획·운영한다.

지역사회교육코디네이터

교육·연구와 레크리에이션 과정이 지역사
회의 요구를 충족할 수 있도록 도움을 주며,
사람들이 이런 활동에 참여하도록 한다.

댄스매개치유사

보건·사회시설 분야에서 환자와 장애인에
게 춤이나 여러 동작을 정서 발달과 건강 유
지 목적으로 가르친다.

조부모-손자녀유대관계전문가

손자녀와 함께하는 공예, 하이킹, 유적 탐사
같은 프로그램을 진행한다. 또 조부모가 손
자녀 양육법이나 대화법, 놀이법 등을 배워
손자녀와 긴밀한 유대 관계를 형성할 수 있
도록 교육한다.

입양사후관리원

입양 후 아동과 가족의 문제 상황을 상담
하고, 그들의 요구를 충족시켜 주고자 지원
한다.

노년플래너

중고령자를 대상으로 노후를 건강하고 행복
하게 보낼 수 있는 방법을 전문적으로 조언
한다.

방문미용사

가정이나 병원, 요양 시설을 직접 방문해 커트, 샴푸 같은 미용 전반에 대한 서비스를 제공한다.

라이프코치

대인관계, 경력, 건강, 일과 삶의 균형, 자신감 같은 분야에서 자신의 상황을 스스로 제어할 수 있도록 지원한다.

정신대화사

쓸쓸함과 고독감을 느끼는 사람을 대상으로 따뜻한 마음과 전문 지식을 가지고, 인생은 살아갈 가치가 있는 것임을 느끼게 한다.

사별애도상담원

죽음으로 사랑하는 사람과 이별해야 하는 이들의 정신적·육체적 고통을 덜어주고 하루빨리 아픔을 딛고 정상 생활로 돌아갈 수 있도록 심리적으로 컨설팅해준다.

웰다잉전문가

삶과 죽음의 의미를 되새기고, 여생을 관리하는 법을 컨설팅한다.

자살예방상담가

자살을 예방하기 위한 각종 상담을 실시하며 의학적 치료가 필요한 경우 병원과 연계해 적절한 치료를 받을 수 있도록 지원한다.

전직지원전문가

전직을 희망하는 사람에게 자신이 가지고 있는 능력과 상황에 적합한 제2의 직업을 추천하고 취업 가능성을 높이기 위한 전략을 상담해준다.

음악치료사

심리적 문제 해결을 위해 음악 매체를 활용하는 상담 업무를 수행한다.

산림치유지도사

심신의 건강 유지, 증진, 질병 예방을 위해 숲에서 산림의 지형을 이용한 보행과 운동, 레크리에이션, 영양, 라이프스타일을 지도한다.

야외활동안전지도사

야외에서 이루어지는 레저 활동과 관련해 교육과 안전 수칙에 관한 사항을 감독한다. 안전사고 발생을 방지하여 참가자의 레저 활동을 도와준다.

식생활지도사

건강한 식생활을 위해 좋은 식재료와 올바른 식생활 습관, 식품 안전에 대해 교육한다.

유품정리사

가족의 돌봄 없이 사망한 사람의 유품, 재산이 제대로 정리·처리되도록 돕는다.

트래블헬퍼

장애인이나 고령자의 신체적 불편함을 덜어주며 여행 내내 동행한다.

화장품전문상담사

화장품에 대한 전문적인 지식을 바탕으로 구매자의 피부, 신체적 특성에 적합한 상품을 추천하고 사용 방법을 조언한다.

스포츠심리상담사

선수의 목표 설정, 자기 관리, 실수로부터 자신감 회복 같은 다양한 정신적 문제를 극복하고 운동에 집중해 경기력을 향상할 수 있도록 상담·조언한다.

범죄피해자심리전문요원

범죄피해자나 목격자를 안정시키고, 수사가 진행되는 동안 두려움과 공포를 느끼지 않도록 돕는다. 수사 후에도 정신적 피해가 남지 않도록 상담과 지원을 한다.

양육비이행관리전문가

원활한 양육비 이행 방법 확보, 양육비 지급과 관련된 전문업무(면접교섭권, 양육비 이행 모니터링 등)를 담당한다.

수면컨설턴트

영유아를 비롯해 청소년, 성인의 수면 문제 해결을 위해 조언하며 사용하는 침구류 선택을 돕는다.

소셜미디어전문가

페이스북, 트위터 같은 SNS에 기업 페이지를 개설해 기업의 마케팅을 실행·관리한다.

평판관리전문가

온라인 시대에 누구나 쉽게 정보를 접할 수 있게 되면서 온라인상의 개인이나 기업의 평판을 전반적으로 관리해준다.

디지털장의사

고인이 홈페이지에 올린 사진이나 글을 삭제하거나 생전에 가입해둔 사이트를 통해 연락이 올 경우 자동응답 메시지를 전달하는 식으로 사이버공간에 남긴 흔적을 정리해준다.

붐오퍼레이터

동시녹음 장비와 시스템 준비, 붐마이크의 필요 위치 파악, 붐마이크 조작·관리, 동시녹음 소스의 데이터 모니터링을 한다.

스토리에이전트

스토리 창작자의 권리를 보호하고 대변한다. 또한 기획, 창작 활동을 지원하고, 나아가 재무설계나 법률 지원을 한다.

비디오아트테크니션

미술관의 의뢰를 받거나, 작가 개인의 오디오와 비디오를 이용한 설치미술작품의 기술적 문제를 해결하고 관리한다.

미술아키비스트

박물관, 미술관에서 소장품이나 전시품 또는 각종 자료(작가의 개인 기록)를 수립·정리·기록한다. 예술(시각예술, 공연예술, 음악)에 대한 작가, 작품, 공연 같은 기록물을 관리한다.

개인디지털정리가

개인 비서처럼 개인에게 필요한 정보, 애플리케이션, 하드웨어, 소프트웨어를 찾아 제공한다.

개인브랜드개발자

스타일리스트, 홍보전문가와 중역코치의 역할이 확장된 것으로 미디어 매체를 이용해 개인 브랜드를 어떻게 창조할것인지 조언한다.

디지털헤리티지전문가

3D 디지털 기술을 활용해 기존 문화재 또는 소실된 문화재의 디지털 정보를 복원·구축한다.

게이미피케이션전문가

게임 이외의 분야에 사회적으로 바람직한 행동을 유도하기 위하여 인간의 경쟁심리, 보상과 즐거움 추구의 원리를 적용해 마케팅, 교육, 웹 운영에 적용하는 업무를 수행한다.

모바일광고기획자

스마트폰, 스마트 TV, 태블릿PC 같은 스마트 매체를 통해 제공되는 스마트 광고를 기획한다.

그로스해커

기존 인터넷 서비스(이메일, SNS 등) 이용객 빅데이터를 통해 이들의 이용 행태를 분석·활용함으로써 새로운 이용객을 불러 모으거나 재방문을 극대화한다.

게임레벨디자이너

게임의 밸런스를 조절하는 역할로 플레이어의 행동이나 콘텐츠 경험 경로를 꾸미는 일을 한다.

게임테크니컬아티스트

아티스트와 프로그래머 중간에서 이들을 조율하고 예술적 지식, 기술을 가지고 있으면서 프로그래밍 단계에서의 효율성을 이해하고 직접 구현한다.

SNS불공정거래감시자

SNS상의 불공정거래의 직간접적 피해를 줄이기 위해, SNS를 통해 이루어지는 거래를 모니터링하고 이상 징후를 탐지한다.

게임번역사

수출·수입하는 모바일 등의 게임을 한국어 또는 현지 언어로 번역한다.

웹툰에세이스트

플랫폼에 게재되는 웹툰의 줄거리를 요약하거나 흥미를 불러일으킬 수 있는 비평문을 작성한다.

사이버큐레이터

사이버공간에 전시할 미술품과 작가를 발굴하고 전시의 전반을 기획하며 사이버 갤러리를 운영한다.

전통문화스토리텔러

지역마다 유서 깊은 관광지, 인물, 음식 등 다양한 소재로 이야기를 만들고 이를 토대로 직접 공연이나 각종 문화콘텐츠를 기획·개발한다.

창작자에이전트

크리에이터의 콘텐츠 기획을 위한 컨설팅과 지원, 자체 콘텐츠 제작, 콘텐츠-브랜드 마케팅 컨설팅 제안, 저작권 관리, 국내외 유통 채널 확보 등의 업무를 담당한다.

디자인에디터

재능 있는 디자이너를 발굴해 작품 활동을 지원·기획하고, 소속 예술가의 포트폴리오를 단행본이나 잡지를 통해 홍보한다. 또한 작품을 상품화해 유통·판매하는 전 과정을 지원한다.

미술품감정사

미술품의 진위를 감정하고 경제적 가치를 파악하는 일을 담당한다.

산림레포츠지도사

산행 인구가 안전하게 산행과 레포츠를 즐길 수 있도록 하며 산과 숲의 훼손을 최소화하도록 할 뿐만 아니라 생태적으로 풍성하게 자연 천이가 이루어지도록 도와주는 역할을 한다.

문화재연출가

학술적 가치가 높은 발굴 유물, 유구, 천연기념물 등에 대해 국민이 참여할 수 있는 교육과 전시 서비스 프로그램을 운영하며 문화재 전문 연구시설에 대한 견학과 실습 프로그램을 개발·운영한다.

먹거리, 즐길 거리를 풍부하게 **농업/해양 분야**

정밀농업기술자

정밀농업 관련 연구와 기술개발, 실험, 시범 보급 사업 진행, 현장 적용, 보급을 위한 농업교육 같은 업무를 수행한다.

육종가

경제적 이용을 목적으로 유용 유전자원을 확보·관리하고 유전자재조합 수단을 이용해 식물의 유전적 특성이 개량된 우량한 새로운 품종을 육성·증식·보급한다.

원목평가사

원목 생산 작업을 계획하고 입목벌채 또는 목재 가공 현장에서 원목 수종과 품질을 측정하며 용도에 따른 분류, 재적과 중량을 계량한다.

곤충전문컨설턴트

곤충에 대한 전문 지식을 가지고 곤충을 사육하거나 사육하려는 사람에게 조언을 해준다.

식용곤충요리사

호텔, 음식점, 단체 급식소 등에서 식용 곤충을 주요 식자재로 활용해 음식물을 가공 또는 조리하는 일을 한다.

6차산업컨설턴트

농업지역의 농촌 자원(농산물 등)인 1차산업, 농산물 가공과 특산물 제조 가공을 하는 2차산업, 유통·판매·문화·체험·관광 서비스 같은 3차산업의 융복합으로 새로운 상품과 시장을 창출해 부가가치를 높인다.

원예컨설턴트

농장, 화훼단지, 식물원, 묘목 재배원, 공원 등 원예와 관련된 기관을 대상으로 상품성과 생산성을 높이기 위한 전문적인 조언과 기술 지도를 한다.

스마트팜구축자

시설 농가의 주인이 비닐하우스에 가지 않고 스마트폰으로 재배하는 작물의 상황과 비닐하우스의 환경(온도, 습도, 이산화탄소량)을 모니터링할 수 있게 한다.

산림바이오매스연구원

숲 가꾸기, 벌채, 제재와 목재 이용 과정에서 생기는 부산물을 에너지원으로 만드는 기술을 개발한다.

산림생태복원기술자

산림생태계에 영향을 미칠 수 있는 각종 계획, 개발 사업을 수립·시행함에 있어 자연환경과 생태 관련 법규를 적용한다. 생태계 현황 조사를 통한 분석, 예측, 평가를 수행한다.

산림생태어메니티연구원

산촌의 어메니티 관련 정책을 개발하고 제도를 수립 · 시행할수 있도록 지원하다.

해외수종검사원

해외에서 수입되는 수종의 병충해 유무와 상태를 검사하고 국내 산림토양 혹은 친환경 건축자재에 적합한지 검사한다.

나무의사

수목 피해를 조사해 수목에 영양을 공급하기 위한 나무주사를 놓는 식으로 치료한다. 또한 산림병해충 피해를 최소화하기 위해 다양한 방제 업무를 수행한다.

레저선박시설(마리나)운영관리원

육상 계류장 점검과 유지보수를 담당한다. 보트의 이동과 계류, 이안, 접안을 통제하며 보트의 안전과 고객서비스를 제공한다.

레저보트중개평가사

레저 보트(요트)의 상태를 점검해 가치를 평가하고 판매하거나 매매를 중개한다.

크루즈승무원

크루즈선을 타고 여행하는 승객의 안전과 편의를 위해 서비스를 제공한다.

크루즈플래너

크루즈 여행을 원하는 고객에게 크루즈의 장점, 상품에 대해 상세히 설명하고, 최상의 크루즈 상품을 권유 · 판매한다.

바다해설사

연안과 어촌 · 어항을 방문하는 관광객에게 문화 이해와 감상, 체험 기회를 제공하기 위해 산업 · 역사 · 문화 · 자연 자원 등 해양과 어촌 전반에 대해 전문적인 해설을 한다.

농작업안전보건기사

농업 현장 안전보건 위험 요인의 조사 · 측정 · 진단, 안전 점검 · 평가 · 개선 · 교육 등 안전 재해를 예방하고 안전 복지 확대를 위한 사업 운영과 현장 지원 업무를 수행한다.

관상어종자관리사

관상어를 기르는데 필요한 환경을 조성하고 어미의 산란과 치어의 부화를 조장 · 촉진하는 등 관상어의 생산과 사육 전반을 관리한다.

해양수산재해감정평가사

수산 재해로 인한 피해의 원인을 밝히고, 수산 재해에 따른 피해 규모를 평가한다. 또한 수산 재해 보험의 정확한 이해를 바탕으로 보험설계와 보험금 지급에 대한 정보를 제공한다.

선박안전해설사

선박 안전에 관한 전문가로서 직접 승선해 일반 여객 등을 대상으로 선박 안전을 위해 선박에 도입된 구조, 안전설비 등을 설명하는 역할을 담당한다.

참고 도서

메타버스 새로운기회　김상균·신병호, 베가북스

메타버스(디지털지구,뜨는 것들의 세상)　김상균, 플랜비디자인

미래직업어디까지아니?　박영숙외 1인, 고래가숨쉬는 도서관

스노크래시　닐스티븐슨, 문학세계사

커리어넷 미래직업　한국직업능력개발원

컴퓨터 인터넷IT용어대사전　전산용어편찬위원회, 일진사

한국직업사전　고용노동부

한국고용정보원　워크넷 www.work.go.kr

메타버스로 가는 시작을 연
꼬리에 꼬리는 무는 수학 이야기!

알고리즘, 허수, 대수학, 기하학 등의 수학이 형이상학, 양자역학, 다중우주론, 공학과 융합해 세상을 바꾸고 있다. 페이스북의 최고기술책임자가 된 메타버스 전문가, 구찌와 CU의 제페토 개점, 가수들의 라이브 콘서트 등 사회, 경제, 문화까지 앞으로의 우리 일상생활 전반에 영향을 미칠 차세대 플랫폼 메타버스를 현실화시킨 수학적 발견들을 만나보자!

지브레인 과학기획팀 기획
박구연 지음

2022년 개정판《한 권으로 끝내는 중학 수학》으로
꼭 알아야 할 중학 수학 교과서 속 원리와 개념.
문제 해결을 위한 응용력, 이해력, 다양한 증명을 시작해 보자!
중학 수학의 개념과 정의를 쉽게 이해하고
전체적인 흐름을 파악해 수학에 대한 자신감을 가질 수 있도록 해줄 것이다.

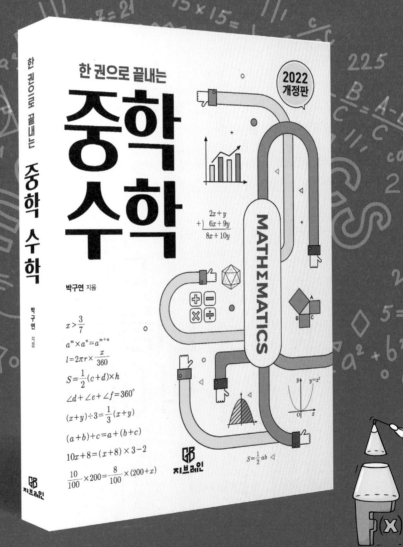

박구연 지음 값 20,000원